פרמאהנסה יוגאננדה
(1893–1952)

מדע הדת

מאת פרמאהנסה יוגאננדה

עם הקדמה מאת
דאגלס איינסליי, B.A., M.R.A.S.,

Self-Realization Fellowship
FOUNDED 1920 BY PARAMAHANSA YOGANANDA

מורשתו הרוחנית של פרמאהנסה יוגאננדה
מכלול כתבים, הרצאות ושיחות לא רשמיות

פרמאהנסה יוגאננדה ייסד את 'Self-Realization Fellowship בשנת 1920 כדי להפיץ את תורתו ברחבי העולם ולשמר את טוהרה ונאמנותה לדורות הבאים. הוא הרבה לכתוב ולהרצות כבר בשנותיו הראשונות באמריקה, והותיר אחריו מכלול יצירה עשיר ומכובד המתייחס למדע היוגה והמדיטציה, אמנות איזון החיים והאלמנטים המאחדים הטמונים בשורש כל הדתות. מורשתו הרוחנית הייחודית ומרחיקת הלכת ממשיכה לספק השראה למיליוני מבקשי אמת ברחבי העולם עד ימינו אנו.

בהתאם למשאלתו המפורשת של המורה הגדול, -Self Realization Fellowship ממשיכה לדאוג לכך שמכלול יצירותיו של פרמאהנסה יוגאננדה לא יאזלו מן המדפים. אלו כוללות לא רק את הגרסאות האחרונות של כל הספרים שפרסם במהלך חייו, אלא גם כותרים חדשים רבים – יצירות שטרם ראו אור עת פטירתו בשנת 1952, או שהתפרסמו בצורה חלקית לאורך השנים בירחון -Self Realization Fellowship, וכן מאות הרצאות מרתקות ושיחות לא רשמיות שהוקלטו אך לא הועלו על הכתב טרם מותו.

פרמאהנסה יוגאננדה בחר ואימן במו ידיו את תלמידיו הקרובים העומדים בראש מועצת הפרסום של Self-Realization Fellowship,

---

* מילולית, "אחוות ההכרה העצמית". פרמאהנסה יוגאננדה הסביר שהשם מסמל "אחווה עם האל מתוך הכרה עצמית, וחברות עם כל הנשמות המבקשות אמת."

והנחה אותם בפרוטרוט כיצד לערוך ולפרסם את כתביו. חברי מועצת הפרסום של SRF (נזירים ונזירות שנקטו שבועת התנזרות ושירות לזולת לכל חייהם) רואים בהנחיות הללו ברית מקודשת שנועדה להבטיח שמורשתו של המורה האהוב לעולם תמשיך להתקיים במלוא עוצמתה ובדיוק מלא.

חותם Self-Realization Fellowship (המוצג למעלה) עוצב על ידי פרמאהנסה יוגאננדה כסמלו של המלכ"ר שהכתיר כמקור המורשה לכל פרסומיו. שמה של האגודה וסמלה המוטבעים על כל פרסומיה ורישומיה של האחווה מבטיחים לקורא שמקור היצירה הוא אכן בארגון שהקים פרמאהנסה יוגאננדה, והיא משקפת את תורתו כפי שהוא עצמו התכוון שתוצג.

Self-Realization Fellowship

על אדיקותו, נדיבותו לתנועות בעלות ערך רבות, וחסותו החלוצית בהקמת פנמיה לבנים Yogoda Satsanga ברנצ׳י, ביהר, הודו, ספר זה מוקדש באהבה למאהרג׳ה הנכבד המנוח שרי מנינדרה צ׳אנדרה נונדי מקסימבזר, בנגל.

תוכן עניינים

פתח דבר XI

הקדמה XV

מבוא 2

חלק

1. האוניברסליות, ההכרח והאחדות בדת 6

מטרת החיים המשותפת 6

הגדרה אוניברסלית של דת 8

המשמעות של להיות דתי 9

דת "קושרת" אותנו לחוקים מיטיבים 10

דת היא שאלה של בסיסיות 11

דת אוניברסלית נחוצה מבחינה פרגמטית 16

2. כאב, עונג ואושר עילאי: ההבדלים ביניהם 18

הגורם האולטימטיבי לכאב וסבל 18

הגורמים המיידים לכאב 19

עונג הוא תודעה כפולה 20

בלבול בין האמצעי למטרה 22

תודעת אושר עילאי מתעוררת עם ניתוק הזדהות גופית 24

3. אלוהים כאושר עילאי 27

המניע המשותף לכל הפעולות 27

רק תודעת אושר עילאי יכולה להשקיט ריגוש באופן יעיל 28

מהו אלוהים? 30

ההוכחה לקיומו של אלוהים נמצאת בתוכנו 31

הדת נעשית נחוצה באופן אוניברסלי רק כאשר
אלוהים נתפס כאושר עילאי 32

באלוהים או בתודעת אושר עילאי השאיפות
הרוחניות שלנו מתגשמות 35

המחזה הגדול של החיים 36

4. ארבע שיטות דתיות בסיסיות 39

הצורך בשיטות דתיות 39

"בן-האלוהים" ו"בן-האדם" 40

מקורה של העדתיות 40

ארבע שיטות דתיות בסיסיות:

1. השיטה השכלית 42

2. שיטת המסירות 43

3. שיטת המדיטציה 46

4. השיטה המדעית או יוגה 47

הסבר פיזיולוגי לשיטה המדעית 50

תרגול השיטה המדעית מביא לחופש מהסחות דעת
גופניות ומנטליות 51

תרגול מתמשך של השיטה המדעית מוביל לתודעת אושר
עילאי, או אלוהים 53

השיטה המדעית פועלת ישירות עם כוח החיים 54

5. כלי הדעת והתוקף התאורטי של השיטות הדתיות 57

שלושה כלים של הדעת

1. תפיסה 57

2. הסקה 60
3. אינטואיציה 62
על ידי אינטואיציה ניתן להכיר את אלוהים בכל היבטיו 64

אודות המחבר 67

פרמאהנסה יוגאננדה: יוגי בחייו ובמותו 70

מקורות נוספים על לימודי הקריה יוגה של פרמאהנסה יוגאננדה 72

שיעורי Self-Realization Fellowship 73

מטרות ואידיאלים של Self-Realization Fellowship 74

עוד מאת פרמאהנסה יוגאננדה 76

פתח דבר

מאת דאגלס גרנט דאף איינסליי

(1865–1952)

(מדינאי, משורר ופילוסוף אנגלי; נציג בקונגרס הבינלאומי לפילוסופיה, אוניברסיטת הרווארד)

הספר הקטן הזה נותן את הרמז ליקום. ערכו הוא מעבר לתשבחות במילים, שכן בין הכריכות הצרות הללו ניתן למצוא את פרח *הודות* ו*האופנישדות*, את התמצית של פטנג'לי, המייצג העיקרי של פילוסופיית ושיטת היוגה, ואת מחשבתו של שנקרה, המוח הגדול ביותר ששכן אי פעם בגוף אנוש, מוצגים בפעם הראשונה בהישג ידם של ההמון.

זוהי אמירה מכוונת של מי שלבסוף מצא במזרח, לאחר נדודים רבים, את הפתרון לחידות העולם. ההינדים חשפו לעולם כולו את האמת. וזה רק טבעי, כאשר אנו לוקחים בחשבון שלפני יותר מחמשת אלפים שנה, בזמן שאבות הבריטונים והגאלים, היוונים והלטינים, נדדו ביערות העצומים של אירופה בחיפוש אחר מזון, ברברים אמיתיים, ההינדים כבר היו עסוקים בלהרהר במסתורין החיים והמוות, שעתה אנו יודעים שהם אחד.

הנקודה המהותית שיש לציין על תורתו של פרמאהנסה יוגאננדה, בניגוד לזו של הפילוסופים האירופיים, כגון ברגסון, הגל ואחרים, היא שהיא אינה ספקולטיבית, אלא מעשית, גם כאשר עוסקים בהישגים הקיצוניים ביותר של המטפיזיקה. הסיבה היא שההינדים, היחידים באנושות, חדרו מאחורי המסך, ומחזיקים בידע אשר אינו באמת פילוסופי, כלומר, אוהב-חוכמה, אלא החוכמה עצמה. שכן, כאשר הוא בא לידי ביטוי במונחים של דיאלקטיקה מילולית, ידע זה חייב בהכרח

להיפתח בפני ביקורתם של פילוסופים שחייהם, כפי שאמר אפלטון, עסוקים כל הזמן בדיון. האמת אינה יכולה להיות מבוטאת במילים, וכאשר משתמשים במילים, אפילו על ידי אחד כמו שנקרה, מוחות חריפים עדיין יכולים תמיד למצוא פרצה להתקפה. הסופי, למעשה, אינו יכול להכיל את האינסופי. האמת אינה דיון אינסופי; היא האמת. מכאן נובע שרק על ידי הכרה עצמית ממשית, על ידי תרגול או שיטה כגון זאת שפרמאהנסה יוגאננדה מציע, ניתן לדעת את האמת מעל לכל ספק.

כל העולם חפץ באושר עילאי, כפי שפרמאהנסה אומר ומוכיח, אך הרוב הולכים שולל בתשוקה לעונג. בודהה עצמו מעולם לא הצהיר בצורה ברורה יותר שהרצון הוא זה, כשהולכים אחריו בבורות, שמוביל לסבך האומללות שבה הרוב המכריע של האנושות מתבוסס בחוסר אונים.

אך בודהה לא ציין בבהירות זהה את הרביעית מתוך ארבע השיטות להשגת מצב האושר העילאי שכולנו רוצים. השיטה הרביעית הזו היא ללא ספק הקלה ביותר, אך בשביל ההישג המעשי שלה צריך הדרכה של מומחה. המומחה הזה נמצא כעת בינינו כדי לתת למערב את הטכניקה, הכללים הפשוטים, אשר נמסרו במשך אלפי שנים מהפילוסופים הקדומים בהודו ואשר מובילים למימוש או למצב של אושר עילאי קבוע.

קשר ישיר זה מודגש תמיד כבעל חשיבות רבה בחשיבה ובתרגול ההינדי. עד לימינו, הוא היה מחוץ להישג ידם של כולם מלבד אלה שהתמזל מזלם לחיות בהודו. עכשיו שיש לנו אותו במערב, למעשה בפתח דלתנו, הוא אכן אינו חכם מי שימנע מלהתנסות בתרגול שהוא כשלעצמו מביא לאושר עמוק - "הרבה יותר אושר טהור מההנאה הגדולה ביותר שכל אחד מחמשת החושים או המוח שלנו יכולים להביא לנו אי פעם," כפי שפרמאהנסה יוגאננדה מצהיר בכנות, ומוסיף, "אני לא מבקש לתת לאף אחד שום הוכחה אחרת לאמת שבה מאשר זאת שניתנת מחוויה אישית."

את הצעד הראשון אפשר לקחת על ידי קריאת ספר קצר זה; הצעדים האחרים הנדרשים להשגת המצב השלם של אושר עילאי יגיעו באופן טבעי.

אני מסיים בציטוט מספר שורות מ"יוחנן מדמשק" שלי, שבהן אני מנסה באופן פואטי להראות את מה שבספר זה מושג. הבודהה מדבר, שעבורנו הוא פרמאהנסה יוגאננדה, שכן "בודהה" פירושו בפשטות "הוא שיודע".

ארוכות נדדתי, ארוכות, הוא שר,
כבול בשלשלאות למשך חיים ומכאובים
אינספור, והרגשתי את קלחי
ה'אני' באש, תשוקה עזה.

נמצאה, היא נמצאה, הסיבה, הוא שר,
ל'אני' באש, התשוקה הפראית.
שום בית, הו אדריכל, בשבילי
לעולם אפשר לבנות שוב.

מנופצות קורותיך, מפוזרות
קורות הגג שלך לחלוטין:
אף בית לא תבנה שוב לי.
שלי היא נירוונה, שלי; היא נחה
בהישג ידי, מול עיני.
עתה, אם ארצה, עתה, אוכל
לעבור עתה לעד מכאן
לאושר עילאי נצחי, להשאיר אף זכר
ממני במקום זה או אחר.

אבל אהבה אני נושא אותך, אהבה; ונשאר,
האנושות, למענך בלבד,

במו ידיי לבנות את הגשר,
אשר, אם תחצוהו, גם אתם תזכו,
לחופש מלידה ומוות וכאב,
וכך תשיגו אושר עילאי נצחי.

יש לנו את בונה הגשר בינינו. במו ידיו הוא יבנה את הגשר, אם באמת נחפוץ שכך יעשה.

לונדון, אנגליה
פברואר 1927

הקדמה
רוחניות אוניברסלית לציוויליזציה הגלובלית הקרבה

הקדמה למהדורה המיוחדת הזו של "מדע הדת" לציון 100 שנה מאז הגעתו של פרמאהנסה יוגאננדה למערב והקמת הארגון הבינלאומי שלו, Self-Realization Fellowship.

ב–19 בספטמבר 1920, אוניית הקיטור "העיר ספרטה", הראשונה שהפליגה מהודו לאמריקה לאחר מלחמת העולם הראשונה, הגיעה לנמל צ'לסי בבוסטון. בין היורדים מהסיפון הייתה "דמות ציורית", כפי שתיאר ה"בוסטון גלוב," אשר "הגיעה להשתתף בכנס דתי בבוסטון ומתכננת לערוך סיור הרצאות ברחבי הארץ." פרמאהנסה יוגאננדה, שהיה כמעט בלתי ידוע באמריקה בעת הגעתו, הפך לימים ל"אבי היוגה במערב."

שלוש מאות שנים קודם לכן, בסתיו של 1620, נחתו החלוצים המייסדים של אמריקה מעט דרומית לבוסטון, בפלימות'. הגעתם סימנה את לידתה של אומה חדשה, שהכריזה על חופש דתי כזכות בלתי ניתנת לערעור. לציון שלוש מאות שנה לאירוע זה, ארגנה האגודה האמריקנית האוניטריאנית "מפגש עולי הרגל ליובל ה–300" של הקונגרס הבינלאומי של דתיים ליברלים, שנועד לחול בתחילת אוקטובר 1920, כדי לדון, מנוקדת מבט דתית, בחשיבותו של החופש. לוועידה ההיסטורית הזו הוזמן הסוואמי הצעיר יוגאננדה. הוא דיבר על נושא מדע הדת והדגיש את החירות הגבוהה ביותר של המין האנושי: זו שמקורה בהכרה באחדות הנצחית והבלתי משתנה של הנשמה עם האלוהים.

בין מארגני האירוע היה צ'רלס ונדטה, שר אוניטריאני אמריקאי שהיה מעורב בהקמת הפרלמנט של דתות העולם בשיקגו ב–1893, ואשר יחד עם המנהיגים האוניטריאניים החלוצים האחרים הצליח

למשוך נציגים דתיים ממסורות אמונה שונות מרחבי העולם. ונדטה ומארגני הקונגרס האחרים שאפו לבנות קרן ל"ליגת דתות שתהיה מקבילה ובעלת בריתה של הליגה הפוליטית של האומות." חזון זה היה בעל דמיון רב לחזונו של פרמאהנסה יוגאננדה. בנאומו בפני נציגי הקונגרס הדגיש הסוואמי את הרוחניות האוניברסלית שבבסיס כל הדתות, ומספר שנים לאחר מכן הוא קרא ל"ברית נשמות ועולם מאוחד... בו כל אומה תהווה חלק מועיל, מודרכת על ידי אלוהים דרך מצפונו המואר של האדם."

סוואמי יוגאננדה הוזמן להשתתף בקונגרס של 1920 בעקבות המלצה של ד"ר הרמבה מאיטרה, פרופסור מהודו בקולג' העירוני של כלכותה, שנבחר לייצג את בראמו סאמאג' (תנועת רפורמה דתית וחברתית בהודו שעזרה לעצב את הרנסנס הבנגלי), אך נאלץ לבטל את השתתפותו עקב מחלה.

נכתב ב"מסעות עלייה לרגל חדשים של הרוח": "במקום [ד"ר מאיטרה], סוואמי יוגאננדה גירי, המייצג את הסנגהאשרם ברהמצ'ריה התיאיסטית, נכח בכנס שלנו ונשא נאום מרשים..." הפרסום דיווח גם: "באנגלית שוטפת ובנאום עוצמתי [יוגאננדה] נתן נאום בעל אופן פילוסופי על "מדע הדת"...דת, לטענתו, היא אוניברסלית ואחת. איננו יכולים להפוך מנהגים ומוסכמות מסוימים לאוניברסליים, אך האלמנט המשותף שבכל הדתות יכול להיות אוניברסלי, ואנו יכולים לבקש מכולם לעקוב אחריו ולציית לו, מכיוון שאלוהים הוא אחד, הכרחי לכולם, ולכן גם הדת היא אחת, הכרחית ואוניברסלית. זוהי רק הנקודה האנושית המוגבלת שמתעלמת מהאלמנט הבסיסי והאוניברסלי במה שמכונה הדתות השונות של העולם."

הנאום של יוגאננדה, שהתקיים ב-6 באוקטובר 1920, בבית האחדות ליד בוסטון קומונס, היה אירוע מכונן בתולדות קבלתה והבנתה של אמריקה את מדע היוגה מהודו, בכך שסימן את תחילתה של עבודתו

של "האיש שהפך (את היוגה) לנגישה במערב יותר מכל אחד אחר*."

הסוואמי הצעיר והתוסס מהודו לא ניסה לשכנע את שומעיו להתגייר להינדואיזם או לדת אחרת. במקום זאת, הוא התמקד במדע האוניברסלי שעומד בבסיס ומאחד את כל הדרכים הדתיות, ואמר שכל אדם, ללא קשר לשיוך עדתי, יכול למעשה לחוות את אלוהים כמציאות חיה בחייו.

דבריו פגעו במיתרי הלב בבוסטון: זה היה מה שהטרנסצנדנטליים של ניו אינגלנד חיפשו בהתבודדות ובהרהורים שלהם כמה עשורים קודם לכן – חופש מעבר לחירות חברתית ופוליטית, חוויה של האלוהי שאינה תלויה באמונה או בדוגמה.

הוא הציג לאנשי המערב מושג חדש לחלוטין למטרת הדת, לעצם תכלית החיים – כיצד להסיר כאב וסבל לצמיתות ולמצוא שמחה מתמשכת כאושר עילאי נצחי, נוכחות האלוהים בתוך עצמנו. והוא הציג שלב אחר שלב של מתודולוגיה שבאמצעותה כל אחד יוכל לחוות את האושר העילאי הזה בעצמו: מדיטציית יוגה, מדע הנשמה האוניברסלי של הודו.

זוהי ההרצאה ההיסטורית, שהספר הנוכחי הוא הרחבה שלה, שבה יוגאננדה דיבר לראשונה בפני קהל מערבי על היעילות במדיטציית קריה יוגה להשגת מטרה אוניברסלית זו. שיחותיו הנלוות בנושא זה זכו לסיקור תקשורתי בכל העיתונים הגדולים בארה"ב ומשכו אלפי מחפשים שמילאו עד אפס מקום את האולמות הגדולים ביותר במדינה כדי ללמוד את "מדע הנשמה" העתיק מאת הדובר הממגנט האלוהי.

באותה שנה עם הגעתו ההיסטורית למערב, יוגאננדה הקים את הארגון שלימים יקרא Self-Realization Fellowship (SRF) כדי להפיץ את תורת הקריה יוגה ברחבי העולם. מאמציו הבלתי פוסקים

* רוברט ש. אלווד, פרופסור לדת, אוניברסיטת דרום קליפורניה, מתוך *קבוצות דתיות ורוחניות באמריקה המודרנית* (רוטלדג', 1973).

לקידום האוניברסליות של הדת ולימוד המדע הגבוה ביותר של הדת השפיעו עמוקות על כל מרקם החיים הדתיים והרוחניים במערב.

שנים לאחר מכן, בתיעוד הקונגרס של 1920, האגודה הבינלאומית לחרות דתית (כפי שהקונגרס של דתיים ליברלים ידוע היום) כתבה: "אחד הדוברים הבולטים בקונגרס זה, אשר ריכז יותר מ-2000 איש, היה פרמאהנסה יוגאננדה, שכיום מכובד מאוד בהודו ונערץ בעולם כולו כקדוש. יוגאננדה...פעל ללא הרף בין השנים 1920–1952 כדי לטפח הבנה בין המזרח למערב...[הוא] היה אחד המנהיגים הדתיים היעילים והמכובדים ביותר שגר ועבד במערב. במהלך 32 השנים הבאות, הוא היה אחד החלוצים הגדולים של המפגש בין המזרח למערב ועוד היום הוא מורה רוחני אהוב למיליוני אנשים."

מהרגע שנחת על אדמת אמריקה, הוא עמל ללא לאות להביא את החוכמה הגבוהה ביותר של הודו ואת הטכניקות הגבוהות ביותר של מדיטציה למחפשים ברחבי העולם והניח את הבסיס לתחילתה של ציוויליזציה גלובלית חדשה המבוססת על עקרונות נצחיים של רוחניות אוניברסלית, שבה לכל גבר ואישה יש את הפוטנציאל ליצור קשר אישי עם האלוהים ובכך להביא תודעה גבוהה ומוארת יותר לעניינים האזרחים, הלאומיים והבינלאומיים של המשפחה האנושית. עתה, כאשר אנו חוגגים את יום השנה ההיסטורי של מאה שנה להגעתו של פרמאהנסה יוגאננדה למערב וייסוד הארגון שלו, Self-Realization Fellowship, באותה תחושת תקווה - לכל אלה שצועדים בכנות בנתיב הקריה יוגה ועבור האנושות בכלל - אנו נכנסים בשמחה ובהתלהבות אל 100 השנים הבאות של SRF, שבהן יותר ויותר מחפשי אמת יגלו את השיטות הרוחניות האוניברסליות להשגת החופש הגבוה ביותר, זה של שחרור הנשמה.

Self-Realization Fellowship

מדע הדת

מבוא

מטרת ספר זה היא להתוות את מה שאמור להיות מובן כדת, כדי להכיר בה כצורך הכרחי, אוניברסלי ומעשי. הספר שואף גם להציג היבט ברעיון האלוהות שמשפיע ישירות על מניעינו ופעולותינו בכל רגע מחיינו.

נכון שאלוהים הוא אינסופי בטבעו ובהיבטיו השונים, ונכון גם שלהכין טבלה שתפרט, ככל העולה בקנה אחד עם הדעת, מהו אלוהים, רק מעיד על מגבלות המוח האנושי בניסיונו לתפוס את האלוהות. עם זאת, באותה מידה נכון שהמוח האנושי, על כל מגבלותיו, אינו יכול להסתפק במה שהוא סופי. יש בו דחף טבעי לפרש את מה שאנושי וסופי לאור מה שהוא על-אנושי ואינסופי - מה שהוא מרגיש אך אינו יכול לבטא, מה שבתוכו טמון במרומז אך בנסיבות הקיימות מסרב להיות מפורש.

התפיסה הרגילה של אלוהים היא שהוא על-אנושי, אינסופי, שורר-בכל, יודע-כל ועוד. לתפיסה הכללית הזו ישנן הרבה וריאציות. חלק מכנים את אלוהים אישי, חלק רואים בו כבלתי אישי. הנקודה המודגשת בספר זה היא שאין זה משנה מהי תפיסתנו לגבי אלוהים, אם היא אינה משפיעה על התנהלותנו היומיומית, אם חיי היומיום שלנו אינם מקבלים ממנה השראה ואם היא אינה נתפסת כהכרחית אוניברסלית, אזי התפיסה הזו חסרת תועלת.

אם אלוהים אינו נתפס באופן כזה שלא נוכל להסתדר בלעדיו בסיפוק מחסור, בהתנהלותנו עם אנשים, בלהרוויח כסף, בקריאת ספר, בלעבור מבחן בהצלחה או בכל פעולה אחרת, קטנה כגדולה, אזי ברור שלא חווינו כל חיבור בין אלוהים לחיים.

ייתכן שאלוהים הוא אינסופי, שורר-בכל, יודע-כל, אישי ורחום, אך תפיסות אלה אינן מספיקות כדי להניע אותנו לנסות להכיר אותו.

אנחנו יכולים באותה מידה גם להסתדר בלעדיו. הוא אולי אינסופי, שורר-בכל וכן הלאה, אבל אין לנו שימוש מידי או מעשי בתפיסות אלו בחיינו העסוקים והמהירים.

אנחנו נשענים על התפיסות הללו רק כאשר אנו מחפשים להצדיק, בכתבים פילוסופיים ופיוטיים, באומנות או בשיחות אידיאליסטיות, את הסופי כמה למשהו מעבר; כאשר אנו, עם כל הידע המהולל שלנו, לא מצליחים להסביר כמה מהתופעות הכי שכיחות ביקום; או כשאנחנו מוצאים עצמינו אבודים מול תהפוכות העולם. "אנו מתפללים לחומל-הנצחי כאשר אנחנו נתקעים", כפי שהפתגם מהמזרח אומר. אחרת, נראה שאנחנו מסתדרים בעולם העבודה-היומית שלנו בלעדיו.

נראה שהתפיסות הסטריאוטיפיות הללו הן שסתומי הביטחון של המחשבה האנושית העצורה שלנו. הן מסבירות אותו, אבל לא גורמות לנו לחפש אותו. הן חסרות כוח מניע. אנחנו לאו דווקא *מחפשים* את אלוהים כאשר אנו מכנים אותו אינסופי, שורר-בכל, חומל-בכל ויודע-כל. תפיסות אלו מספקות את השכל, אך אינן מרגיעות את הנשמה. אם הן מוערכות ויקרות לליבנו, הן עלולות להרחיב אותנו במידה מסוימת - עלולות להפוך אותנו למוסריים וכנועים אליו. אך הן אינן הופכות את אלוהים לשלנו -הן לא מספיק אינטימיות. הן מניחות אותו הרחק מדאגות העולם היומיומיות.

התפיסות הללו נחוות כמוזרות כאשר אנו ברחוב, במפעל, מאחורי דלפק, או במשרד. לא משום שאנו באמת מנותקים מאלוהים ומהדת, אלא משום שחסרה לנו תפיסה נכונה שלהם - תפיסה שניתן לשזור במרקם חיי היומיום. האופן שבו אנו תופסים את אלוהים צריך להנחות אותנו יומית, לא, רגעית. עצם התפיסה של אלוהים צריכה לעורר בנו רצון לחפש אותו בעיצומם של חיי היומיום שלנו. לזה אנו מתכוונים בתפיסה פרגמטית ומשכנעת של אלוהים. עלינו להוציא את הדת ואת אלוהים מתחום האמונה בלבד, ולהביאם אל תוך חיי היומיום.

אם לא נדגיש את נחיצותו של אלוהים בכל היבט של חיינו, ואת הצורך בדת בכל רגע של קיומנו, אזי אלוהים והדת לא ייכנסו לשיקו־לים האינטימיים היומיומיים שלנו ויהפכו רק לפרשה של יום בשבוע. בחלקו הראשון של ספר זה ננסה להראות שכדי להבין את הנחיצות האמיתית של אלוהים ושל הדת, עלינו לשים דגש על התפיסה הרל־וונטית ביותר למטרה העיקרית של פעולותינו היומיומיות והשעתיות.

ספר זה שואף גם להצביע על האוניברסליות והאחדות בדת. בעידנים שונים היו דתות שונות. היו מחלוקות סוערות, מלחמות ארוכות, ודם רב נשפך בשמן. דת אחת עמדה כנגד אחרת, פלג אחד נלחם בשני. לא רק שיש מגוון בדתות, אלא גם מגוון רחב של פלגים ודעות בתוך אותה הדת. אך נשאלת השאלה: אם יש אלוהים אחד, מדוע ישנן כל כך הרבה דתות?

ניתן לטעון ששלבים מסוימים בהתפתחות האינטלקטואלית ומנטליות שונה של אומות מסוימות, כתוצאה ממיקומים גאוגרפיים שונים וגורמים חיצוניים נוספים, הם שקובעים את מקורן של הד־תות השונות, כמו הינדואיזם, אסלאם ובודהיזם עבור אנשי המזרח, הנצרות עבור אנשי המערב וכדומה. אם בדת אנו מבינים רק נהלים, עקרונות, דוגמות, מנהגים והסכמות ספציפיים, אז ניתן להבין את קיומן של דתות רבות כל כך. אך אם הכוונה בדת היא, *ראשית*, הכרה אלוהית, או הכרת האלוהים בתוכנו ומחוצה לנו, *ושנית*, מסכת אמו־נות, עקרונות ודוגמות, אז, באופן מובהק, ישנה רק דת אחת בעולם, כי יש רק אלוהים אחד.

ניתן לשמור על המנהגים השונים, דרכי הפולחן, העקרונות וההסכמות כבסיס לכתות ולפלגים השונים הכלולים בדת אחת. אם דת מובנת כך, אז, ורק אז, ניתן לשמור על האוניברסליות שלה; מכיוון שלא ניתן להפוך מנהג או הסכמה מסוימים לאוניברסליים. רק החלק הדומה בין כל הדתות יכול להיות אוניברסלי; אנו יכולים לבקש מכולם

להישמע ולציית לו. אז ניתן באמת לומר שהדת היא לא רק הכרחית אלא גם אוניברסלית. כולם יכולים ללכת בעקבות אותה דת, כי יש רק אחת - החלק האוניברסלי המשותף לכל הדתות בהיותו אותו אחד.

ניסיתי להראות בספר זה *שכמו שאלוהים הוא אחד, הכרחי לכולנו, כך גם הדת היא אחת, הכרחית ואוניברסלית*. רק הדרכים אליה עשויות להיות שונות במידה מסוימת בהתחלה. בעצם, אין זה הגיוני לומר שישנן שתי דתות, כאשר יש רק אלוהים אחד. יש להכיר בכך שמה שאנו מכנים כיום דתות שונות הן למעשה כתות או פלגים בתוך הדת האוניברסלית האחת, ואת מה שמכירים היום ככתות או פלגים יש לראות כנספחי כתות או אמונות שונות. ברגע שנבין את המשמעות של המילה "דת", כפי שאסביר בהמשך, נהיה באופן טבעי זהירים מאוד בשימוש בה. זוהי נקודת המבט האנושית המוגבלת שמתעלמת מהחלק האוניברסלי המחבר בין דתות העולם השונות, והתעלמות זו הייתה סיבה להרבה רוע.

ספר זה נותן לדת הגדרה פסיכולוגית, ולא הגדרה אובייקטיבית המבוססת על דוגמות או עקרונות. במילים אחרות, הספר שואף להפוך את הדת לנושא כל המהות הפנימית שלנו והגישה שלנו, ולא רק למילוי חוקים ומצוות מסוימים.

חלק ראשון

האוניברסליות, ההכרח והאחדות בדת

מטרת החיים המשותפת

ראשית עלינו לדעת מהי דת; רק אז נוכל לשפוט אם הכרחי לכו‐
לנו להיות דתיים.

ללא הכרח, אין פעולה. לכל פעולה שלנו יש מטרה משלה, של‐
מענה אנו מבצעים אותה. אנשי העולם פועלים בדרכים שונות כדי
להשיג מטרות שונות; יש מגוון מטרות הקובעות את מעשיהם של
אנשי העולם.

אך האם קיימת מטרה משותפת ואוניברסלית לכל הפעולות של
כל האנשים בעולם? האם ישנו צורך כלשהו, נשגב ומשותף לכולנו,
שמניע את כל הפעולות שלנו? ניתוח קטן של המניעים והמטרות של
מעשיהם של אנשי העולם מראה, שאף על פי שישנן אלף ואחת מט‐
רות ישירות ומיידיות הקשורות לייעוד או למקצוע הספציפי של האדם,
המטרה האולטימטיבית – שכל שאר המטרות רק משרתות אותה –
היא הימנעות מכאב ומחסור, והשגת אושר עילאי תמידי. בין אם ניתן
להימנע מכאב ומחסור לצמיתות ולהשיג אושר עילאי, זו שאלה נפרדת;
אך העובדה היא שבכל מעשינו אנו מנסים להימנע מכאב ולהשיג הנאה.

מדוע אדם עובד כמתמחה? מכיוון שהוא רוצה להתמחות בעי‐
סוק מסוים. מדוע הוא עוסק בעיסוק הספציפי הזה? מכיוון שבאמצ‐
עותו ניתן להרוויח כסף. מדוע בכלל צריך להרוויח כסף? מכיוון שכסף
ממלא צרכים אישיים ומשפחתיים. מדוע צריך למלא צרכים? מכיוון
שכך ניתן להימנע מכאב ולהשיג אושר.

למען האמת, שמחה ואושר עילאי אינם אותו דבר. כולנו שואפים
לאושר עילאי, אך מתוך בלבול גדול אנו מדמיינים שהנאה ושמחה הן

אושר עילאי. כיצד נוצר חוסר ההבנה הזה, יוצג מיד. המניע האולטי־
מטיבי האמיתי הוא אושר עילאי, שאנו מרגישים בתוכנו; אך שמחה
– או הנאה – תפסה את מקומו בעקבות חוסר ההבנה שלנו, והנאה
הפכה למניע האולטימטיבי.

כך אנו רואים שמילוי צורך כלשהו, הסרת כאב כלשהו, פיזי או
נפשי, מהקל לחמור ביותר, והשגת אושר עילאי מהווים את מטרתנו
הסופית. איננו צריכים להמשיך ולשאול מדוע יש צורך להשיג אושר
עילאי, מכיוון שתשובה לא יכולה להינתן. זוהי מטרתנו הסופית, לא
משנה מה אנו עושים – פותחים עסק, מרוויחים כסף, מחפשים חב־
רים, כותבים ספרים, רוכשים ידע, שולטים בממלכות, תורמים מי־
ליונים, חוקרים ארצות, תרים אחרי תהילה, עוזרים לנזקקים, הופכים
לפילנתרופים, או אפילו מאמצים ייסורים. יוכח בהמשך שהחיפוש
אחר אלוהים הופך לעובדה ממשית עבורנו כאשר אנו שומרים בק־
פדנות על המטרה האמיתית שלנו לנגד עינינו. ייתכן שיש אינספור
צעדים, פעולות ביניים ומניעים; אך המניע הסופי הוא תמיד אותו
אחד – להשיג אושר עילאי מתמשך, גם אם הדבר נעשה דרך שרשרת
ארוכה של פעולות.

אדם לרוב אוהב לצעוד לאורך השרשרת כדי להגיע למטרה הסו־
פית. הוא עלול להתאבד כדי לשים קץ לכאב כלשהו, או לרצוח כדי
להיפטר מחוסר או כאב מסוים או מאיזשהו דחף לב אכזרי, מתוך
מחשבה שבכך ישיג סיפוק או הקלה כלשהם, אותם הוא מבלבל עם
אושר עילאי. אך הנקודה שיש לשים לב אליה היא שגם במקרים אלו
פועל אותו מנגנון (אומנם בשגגה) למען המטרה הסופית.

מישהו עשוי לומר, "לא אכפת לי כלל מהנאה או שמחה. אני
חי כדי להשיג משהו, להשיג הצלחה." אחר יאמר: "אני רוצה לעשות
טוב בעולם. לא אכפת לי אם אני בכאב או לא." אך אם תביטו לתוך
מוחם של אנשים אלו, תגלו שאותו מנגנון פועל למען השגת אושר.

האם הראשון רוצה הצלחה שאינה מביאה עימה הנאה או שמחה? האם השני רוצה לעשות טוב לזולת, אך אינו חש שמחה מכך? ברור שלא. ייתכן שהם אינם נרתעים מחוויית אלף ואחד כאבים פיזיים או נפשיים הנגרמים מאחרים או הנובעים ממצבים הנלווים לשאיפה להצלחה או לעשיית טוב לזולת; אך מכיוון שהראשון מוצא סיפוק רב בהצלחה, והשני נהנה מאוד מהשמחה בעשיית טוב לזולת, הראשון מחפש הצלחה והשני מחפש את טובת הזולת למרות הצרות הנלוות.

אפילו המניע האלטרואיסטי ביותר, והכוונה הכנה ביותר לקדם את טובת האנושות לשמה, נובעים מהדחף הבסיסי לשמחה אישית צנועה, המתקרבת לאושר עילאי. זו אינה שמחה של אנוכיות צרה, אלא שמחה הנובעת מהחיפוש אחר "העצמי הטהור" הקיים בכם, בי ובכולם. השמחה הזו היא אושר עילאי, גם אם במעט פחותה. כך, כאשר אושר עילאי טהור משמש כמניע אישי לפעולות אלטרואיסטיות, האלטרואיסט אינו משאיר עצמו פתוח להאשמה באנוכיות צרה, שכן אדם לא יכול בעצמו להשיג אושר עילאי טהור, אלא אם הוא רחב לב מספיק כדי לאחל ולחפש אותו גם עבור אחרים. זהו החוק האוניברסלי.

הגדרה אוניברסלית של דת

לכן, אם נלך אחורה למקור המניעים מאחורי המעשים של כל בני האדם, נמצא כי המניע האולטימטיבי זהה לכולם- הסרת כאב והשגת אושר עילאי. מכיוון שמטרה זו היא אוניברסלית, יש להתייחס אליה כאל ההכרחית ביותר. ומה שהוא אוניברסלי והכי הכרחי לאדם הוא, כמובן, הדת עבורו. לפיכך, *הדת מורכבת בהכרח מהסרה קבועה של כאב ומימוש אושר עילאי, או אלוהים.* והפעולות שעלינו לאמץ למען הימנעות קבועה מכאב ומימוש אושר עילאי, או אלוהים, נקראות דתיות. אם אנו מבינים את הדת בדרך זו, האוניברסליות שלה נהיית מובנת מאליה. משום שאף אחד אינו יכול להכחיש שהוא רוצה

להימנע מכאב לצמיתות ולהשיג אושר עילאי מתמיד. יש להודות בכך באופן אוניברסלי, מכיוון שאיש אינו יכול לסתור את האמת הזו. עצם קיומו של האדם קשור בה.

כולם רוצים לחיות כי הם אוהבים את הדת. אפילו אם אדם מתאבד, זה יהיה משום שגם הוא אוהב את הדת; שכן הוא חושב שבכך ישיג מציאות שמחה יותר מזו שהוא חווה בחייו. בכל מקרה, הוא חושב שיפטר מכאב שמציק לו. במקרה זה, הדת שלו אינה מעודנת, אך היא עדיין דת. מטרתו נכונה לחלוטין, והיא זהה לכל שאר האנשים; כי כולם רוצים להשיג שמחה, או אושר עילאי. אך האמצעים שלו אינם נבונים. בשל בורותו, הוא אינו יודע מה יביא אותו לאושר עילאי, מטרת כל בני האדם.

המשמעות של להיות דתי

לפיכך, במובן מסוים, כל אדם בעולם הוא דתי, מכיוון שכולם מנסים להיפטר מחוסר וכאב, ולהשיג אושר עילאי. כולם פועלים למען אותה מטרה. אבל במובן קפדני, רק מעטים בעולם הם דתיים באמת, שכן רק מעטים, למרות שיש להם את אותה מטרה כמו לכולם, מכירים את האמצעים היעילים ביותר להסרת כל כאב או חוסר - פיזי, נפשי, או רוחני - לצמיתות, ולהשגת אושר עילאי אמיתי.

החסיד האמיתי אינו יכול להחזיק בתפיסה אורתודוקסית נוקשה ומצומצמת של דת, אף שתפיסה זו קשורה, באופן מרוחק, לתפיסה שאני מביא. אם למשך זמן מה אינך הולך לכנסייה או לבית תפילה, ואינך משתתף באף אחד מהטקסים או הנהלים שלהם, אך אתה פועל באדיקות בחיי היומיום שלך על ידי היותך רגוע, יציב, מרוכז, נדיב, ומפיק אושר מהמצבים המאתגרים ביותר, אז אנשים רגילים בעלי נטייה אורתודוקסית או צרה יהנהנו בראשם ויכריזו, שלמרות שאתה מנסה להיות טוב, מנקודת מבט של הדת, או בעיני האלוהים, אתה

"מועד", כי לא ביקרת לאחרונה במקומות הקדושים.

בעוד שכמובן לא יכולה להיות הצדקה מספקת להתרחקות קבועה ממקומות קדושים, מאידך, אין סיבה לגיטימית להיחשב דתי יותר רק מפני שהולכים לכנסיה, אם באותו הזמן מזניחים ליישם בחיי היומיום את העקרונות שהדת מקיימת, כלומר, אלה שמאפשרים, בסופו של דבר, להשיג אושר עילאי קבוע. הדת אינה קשורה לספסלים של הכנסייה ואינה תלויה בטקסים הנערכים בה. אם יש לך גישה של יראת כבוד, אם אתה חי את חייך היומיומיים מתוך כוונה להכניס אליהם הכרת אושר עילאי בלתי פוסקת, תהיה דתי באותה מידה מחוץ לכנסייה כפי שאתה בתוכה.

כמובן, אין להבין זאת כטיעון לנטישת הכנסייה, שהיא בדרך כלל עזרה אמיתית במובנים רבים. הנקודה היא שעליך להתאמץ באותה מידה מחוץ לשעות הכנסייה כדי להשיג אושר נצחי כפי שאתה משקיע בזמן שאתה נהנה באופן פסיבי מדרשה בספסלים. לא שהקשבה היא דבר חסר ערך; להפך, היא בהחלט מועילה בדרכה.

דת "קושרת" אותנו לחוקים מיטיבים

המילה "religion" (דת, באנגלית) נגזרת מהלטינית ***religare***, לקשור. מה קושר, את מי זה קושר ולמה? אם נניח בצד כל הסבר אורתודוקסי, ברור ש"אנחנו" הם אלה שקשורים. מה קושר אותנו? לא שרשראות ואזיקים, כמובן. ניתן לומר שהדת קושרת אותנו על ידי כללים, חוקים וצווים. ומדוע? כדי להפוך אותנו לעבדים? כדי למנוע מאיתנו את זכותנו המולדת לחשיבה חופשית או פעולה חופשית? זה לא הגיוני. כשם שלדת חייב להיות מניע מספק, כך גם המניע שלה "לקשור" אותנו חייב להיות חיובי. מהו המניע הזה? התשובה הרציונלית היחידה שניתן לתת היא שהדת קושרת אותנו באמצעות כללים, חוקים וצווים על מנת שלא נתדרדר, ושלא נהיה בסבל - גופני, נפשי, או רוחני.

סבל גופני ונפשי אנו מכירים. אבל מהו סבל רוחני? להיות בחוסר ידיעת הרוח האלוהית. היא נוכחת תמיד, אם כי לעיתים קרובות לא מורגשת, בכל יצור מוגבל, בעוד שסבל גופני ונפשי בא והולך. איזה מניע אחר למילה "קושר", חוץ מהאמור לעיל, נוכל לייחס לדת שאינו שטותי? ברור שמניעים אחרים, אם בכלל, חייבים להיות משניים לזה שניתן.

האם ההגדרה של דת שניתנה אינה תואמת את המניע שהוזכר לעיל למילה "לקשור", המשמעות השורשית של הדת? אמרנו שדת, בחלקה, מורכבת מהימנעות קבועה מכאב, אומללות וסבל. עכשיו, דת אינה יכולה להיות רק משהו שמסלק משהו, כגון כאב; היא חייבת להיות טמונה גם בהשגת משהו אחר. היא לא יכולה להיות שלילית גרידא, אלא חייבת להיות חיובית, גם כן. איך נוכל להתרחק לצמיתות מכאב מבלי להחזיק בהפך שלו – אושר עילאי? אף על פי שאושר עילאי אינו ניגוד מדויק של כאב, הוא כן, בכל מקרה, תודעה חיובית שבה אנו יכולים להיאחז כדי להתרחק מכאב. אנחנו לא יכולים, כמו־בן, להיתלות באוויר לעד בתחושה ניטרלית שהיא לא כאב ולא היפו־כו. אני חוזר ואומר שדת מורכבת לא רק מהימנעות מכאב וסבל, אלא גם מהשגת אושר עילאי, או אלוהים (העובדה שאושר עילאי ואלוהים הם מילים נרדפות, במובן מסוים, תובהר בהמשך).

לכן, על ידי התבוננות במניע של המשמעות השורשית של המילה "דת" (לקשור), אנו מגיעים לאותה הגדרה של דת שאליה הגענו בא־מצעות ניתוח המניע לפעולה של האדם.

דת היא שאלה של בסיסיות

דת היא שאלה של בסיסיות. אם המניע הבסיסי שלנו הוא חיפוש אחר אושר עילאי, או שמחה, ואם אין מעשה אחד שאנו עושים, באף רגע נתון של חיינו, שאינו נקבע בסופו של דבר על ידי אותו מניע

סופי, האם אין לכנות את הכמיהה הזו הכמיהה העמוקה ביותר בטבע האדם? ומה היא דת, אם אינה שזורה בדרך כלשהי עם הכמיהה השורשית ביותר בטבע האנושי? דת, אם היא אמורה להיות דבר בעל ערך לחיים, חייבת לבסס את עצמה על יצר חיים או כמיהה. זוהי תחינה *אפריורית* לתפיסת הדת המוצגת בספר זה.

אם אדם טוען שיש אינסטינקטים אנושיים רבים אחרים (חברתיים, הישרדותיים וכו') מלבד הכמיהה לאושר, ושואל מדוע שלא נפרש את הדת לאור אותם אינסטינקטים גם כן, התשובה היא שהאינסטינקטים האלה הם או כפופים לאינסטינקט חיפוש האושר או קשורים אליו באופן בלתי ניתן לניתוק מכדי להשפיע באופן מהותי על הפרשנות שלנו לדת.

נחזור שוב לטיעון הקודם: *מה שהוא אוניברסלי והכי הכרחי לאדם הוא הדת עבורו*. אם מה שהכי הכרחי ואוניברסלי אינו דת עבורו, מה עוד זה יכול להיות? מה שהכי מקרי ומשתנה לא יכול להיות זה, כמובן. אם אנו מנסים להפוך כסף לדבר האחד והיחיד שדורש את תשומת הלב שלנו בחיים, אז כסף הופך לדת עבורנו – "הדולר הוא האלוהים שלנו." מניע החיים השולט, יהיה אשר יהיה, הוא הדת שלנו.

נעזוב כאן בצד את הפרשנות האורתודוקסית, שכן עקרונות פעולה – לא הצהרות אינטלקטואליות של דוגמות או קיום טקסים קובעים, ללא צורך בפרסום האישי שלנו, איזו דת יש לנו. איננו צריכים לחכות שתיאולוג או כומר יתנו שם לפלג או לדת שלנו עבורנו – לעקרונות ולפעולות שלנו יש מיליון דרכים לומר זאת לנו ולאחרים.

החלק החשוב הוא שמאחורי כל דבר שאנו סוגדים לו בבלעדיות עיוורת קיים תמיד מניע בסיסי יחיד. כלומר, אם אנו הופכים כסף, עסקים, או השגת צרכים או מותרות החיים לדבר קיומנו, עדיין, מאחורי מעשינו טמון מניע עמוק יותר: אנו מחפשים את הדברים האלה כדי לגרש כאב ולהביא שמחה. המניע הבסיסי הזה הוא הדת האמי־

פרמאהנסה יוגאננדה עם כמה מהנציגים בקונגרס הבינלאומי של לי־
ברלים דתיים. אוקטובר 1920, בוסטון, מסצ'וסטס. שרי יוגאננדה
נאם לקהל המכובד על "מדע הדת."

בית האחדות, מיקום הקונגרס הבינלאומי של ליברלים דתיים

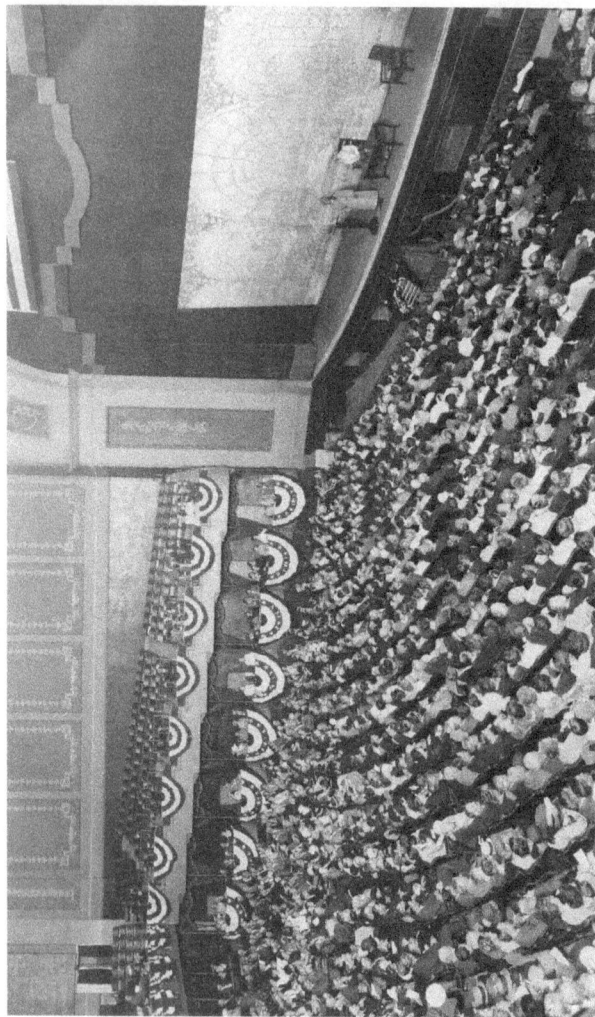

פרמאהנסה יוגאננדה נואם בדנוור, קולורדו, אוגוסט 1924

פרמאהנסה יוגאננדה בניו יורק, 1926

תית של האנושות; מניעים משניים אחרים יוצרים דתות מדומות. מכיוון שדת אינה נתפסת בצורה אוניברסלית, מתעלמים ממנה כלא קשורה למציאות, או שהיא נחשבת על ידי אנשים רבים להסחת דעת אופנתית לנשים, לקשישים ולחלשים.

דת אוניברסלית נחוצה מבחינה פרגמטית

לפיכך אנו רואים שדת אוניברסלית (או דת הנתפסת בצורה האוניברסלית הזו) היא הכרחית באופן *פרגמטי*. נחיצותה אינה מלאכותית או מאולצת. אף על פי שבליבנו אנו תופסים את נחיצותה, למרבה הצער איננו תמיד ערניים לה לחלוטין. לו היינו, הכאב היה נעלם מזמן מהעולם, שכן אדם בדרך כלל יחפש בכל מחיר את מה שהוא תופס כהכרחי באמת. אם אדם חושב שהרווחת הכסף היא הכרחית לתמיכה במשפחתו, הוא לא יתחמק מסכנות כדי לאבטח אותה. חבל שאיננו רואים את הדת כהכרחית באותו אופן. במקום זאת, אנו מתייחסים אליה כקישוט, דקורציה, ולא כמרכיב הכרחי בחייו של האדם.

חבל מאוד גם שאף על פי שמטרתו של כל אדם בעולם הזה היא, בהכרח, דתית - שכן הוא תמיד פועל להסרת חוסרים ולהשגת אושר - אך בשל טעויות חמורות מסוימות, הוא הולך שולל ומובל לחשוב שהדת האמיתית, שאת הגדרתה זה עתה נתנו, היא בעלת חשיבות מינורית.

מהי הסיבה לכך? מדוע איננו מזהים את ההכרח האמיתי אלא מתמקדים בחוסר החשיבות לכאורה? התשובה היא: דרכיה השגויות של החברה וההיקשרות האישית שלנו לחושים.

החברה שאנו חיים בה קובעת עבורנו את תחושת ההכרח שאנו מייחסים לדברים שונים. חשבו על השפעתם של אנשים ונסיבות סביבתיות. אם ברצונכם להפוך אדם אירופאי לאסיאתי, הציבו אותו בח־

ברת אסיאתיים; או אם אתם רוצים להפוך אסיאתי לאירופאי, שתלו אותו בין אירופאים – וראו את התוצאות. זה ברור ובלתי נמנע. איש המערב לומד לחבב את מנהגי איש המזרח – את הרגליו, לבושו, אורח חייו, מחשבתו ואופן הסתכלותו על הדברים – ואיש המזרח לומד לחבב את אלה של המערב. עצם סטנדרט האמת נראה להם כמשתנה.

עם זאת, יש דבר אחד שעליו רוב האנשים יסכימו: ששווה לחיות את החיים הארציים שלהם, על דאגותיהם ותענוגותיהם, בטוב וגם בקושי. אבל את נחיצות הדת האוניברסלית, מעטים, או אף לא אחד, יזכירו לנו אי פעם. ולכן איננו באמת ערים לה.

האמת היא שהאדם מביט רק לעיתים רחוקות מעבר למעגל שבו הוא מצוי. כל מה שבתוך המעגל שלו הוא מצדיק, הולך בעקבותיו, מחקה, מעתיק ומרגיש שהוא הסטנדרט לחשיבה ולהתנהגות. לעומת זאת, כל מה שנמצא מעבר לתחום שלו הוא מתעלם ממנו או מפחית מחשיבותו. עורך דין, למשל, ישבח ויהיה קשוב ביותר למה שנוגע למ־שפט; לדברים אחרים, ככלל, ייחס פחות חשיבות.

ההכרח הפרגמטי או המעשי של הדת האוניברסלית מובן לעי־תים קרובות כצורך תאורטי בלבד, והדת נתפסת כמושא של דאגה אינטלקטואלית בלבד. כאשר אנו מכירים את האידיאל הדתי רק דרך האינטלקט שלנו, אנו עלולים לחשוב שהגענו אליו ואין צורך לחיות אותו או לממשו.

זו טעות גדולה מצידנו לבלבל בין צורך פרגמטי לבין צורך תאורטי. רבים אולי יודו, לאחר הרהור קל, שדת אוניברסלית היא, בהכרח, הימנעות קבועה מכאב והכרה מודעת של אושר עילאי. אך מעטים מבינים את החשיבות וההכרח המעשי שדת זו נושאת עימה.

חלק שני

כאב, עונג ואושר עילאי: ההבדלים ביניהם

הגורם האולטימטיבי לכאב ולסבל

כעת נחוץ לחקור את הסיבה האולטימטיבית לכאב ולסבל, נפשי ופיזי, אשר הדת האוניברסלית מבוססת בחלקה על הימנעות ממנה.

ראשית, עלינו לטעון, מתוך החוויה האוניברסלית המשותפת שלנו, שאנחנו תמיד מודעים לעצמנו ככוח פעיל המבצע את כל הפעולות הנפשיות והגופניות שלנו. אכן, אנו מבצעים פעולות רבות ושונות - מבחינים, חושבים, זוכרים, מרגישים, פועלים וכדומה. עם זאת, בבסיס הפעולות הללו, אנו יכולים להבחין ב"אגו", או ב"עצמי", השולט בהן וחושב על עצמו כאותו אחד לאורך כל קיומו בעבר ובהווה.

בברית החדשה נאמר, "האם אינכם יודעים כי היכל אלוהים אתם וכי רוח אלוהים שוכנת בקרבכם?"* כולנו, כיחידים, השתקפויות רבות של עצמיים רוחניים מתוך הרוח האוניברסלית המאושרת - אלוהים. כשם שמופיעות בבואות רבות של שמש אחת המשתקפת במספר כלים מלאים במים, כך גם האנושות נראית מחולקת לנשמות רבות, התופסות את הרכבים הגופניים והנפשיים הללו, ובכך מופרדות כלפי חוץ מהרוח האוניברסלית האחת. במציאות, אלוהים ואדם הם אחד, וההפרדה היא רק למראית עין.

כעת, בהיותנו מבורכים כהשתקפויות של עצמיים רוחניים, מדוע איננו מודעים לחלוטין למצב האושר העילאי שלנו, ובמקום זאת נתונים

* אגרת שאול הראשונה אל הקורינתים ג,טו.

לכאב ולסבל פיזי ונפשי? התשובה היא שהעצמי הרוחני הביא על עצמו את המצב הנוכחי (באמצעות תהליך כלשהו) על ידי הזדהות עם רכב גופני חולף ומוח חסר מנוחה. העצמי הרוחני, בהיותו מזוהה כך, מרגיש עצוב או שמח בהתאמה למצב גופני או מוחי בלתי בריא ונעים או בריא ונעים. בשל הזדהות זו, העצמי הרוחני מוטרד ללא הרף ממצבם המשתנה.

אם ניקח אפילו את תחושת ההזדהות הפיגורטיבית: אם המז־ דהה עמוקות עם ילדה היחיד תסבול ותחוש כאב עז רק מעצם שמי־ עת שמועות על מותו, או מעצם מותו האמיתי של הילד, בעוד שהיא עלולה לא לחוש כאב כזה אם תשמע על מותו של ילדה של שכנתה, שאיתו היא אינה מזוהה. כעת אנו יכולים לדמיין את התודעה כאשר ההזדהות היא אמיתית ולא פיגורטיבית. *לפיכך, תחושת ההזדהות עם הגוף החולף והמוח חסר המנוחה היא המקור או הסיבה השורשית לסבל של העצמי הרוחני שלנו.*

מתוך הבנה שהזדהות העצמי הרוחני עם הגוף והמוח היא הגו־ רם העיקרי לכאב, עלינו לפנות כעת לניתוח פסיכולוגי של הסיבות המיידיות או הקרובות לכאב ולהבחנה בין כאב, עונג ואושר עילאי.

הגורמים המיידיים לכאב

כתוצאה מהזדהות זו, נראה שלעצמי הרוחני יש נטיות מסוימות – נפשיות ופיזיות. הרצון להגשמת הנטיות הללו יוצר חוסר, וחוסר מייצר כאב. הנטיות או היצרים הללו הם או טבעיים או נרכשים. נטיות טב־ עיות יוצרות חוסרים טבעיים, ונטיות נרכשות יוצרות חוסרים נרכשים.

חוסר נרכש הופך לחוסר טבעי עם הזמן, באמצעות הרגל. לא משנה איזה סוג חוסר זה יהיה, הוא הגורם לכאב. ככל שיש לנו יותר חוסרים, כך גדלות האפשרויות לכאב; כי ככל שיש לנו יותר חוסרים, כך קשה יותר למלא אותם, וככל שהחוסרים נותרים לא ממולאים, כך הכאב גדול יותר. הגדל רצונות וחוסרים, וגם הכאב יגדל. לכן, אם

הרצון אינו מוצא אפשרות למילוי מיידי, או נתקל במכשול, הכאב מתעורר באופן מיידי.

ומהו רצון? זה אינו אלא מצב חדש של "ריגוש" שהמוח יוצר בעצמו - גחמה של המוח שנוצרת מתוך החברה שלנו. לכן, *הרצון, או הגברת תנאי הריגוש של המוח, הוא המקור לכאב או לסבל*, וגם הטעות בחיפוש אחר מילוי רצונות על ידי יצירתם והגדלתם תחילה, ולאחר מכן הניסיון לספקם באמצעות דברים, במקום לצמצמם מלכתחילה.

לפעמים נראה שכאב נוצר ללא נוכחות קודמת של רצון - למשל, כאב מפצע. אך יש לשים לב לכך שהרצון להישאר במצב של בריאות, הקיים במודע או בתת מודע במוחנו, ומוטמע בתוך האורגניזם הפיזיולוגי שלנו, עומד בסתירה במקרה זה אל מול נוכחות המצב הלא-בריא, כלומר, הפצע. לכן, כאשר קיים מצב מסוים במוח בצורת רצון שאינו מתמלא או מוסר, נוצר כאב.

כפי שהרצון מוביל לכאב, כך הוא גם מוביל לעונג, כאשר ההבדל היחיד הוא שבמקרה הראשון, החוסר הכרוך ברצון אינו מסופק, בעוד שבמקרה השני, החוסר המעורב ברצון נראה כמסופק על ידי נוכחותם של אובייקטים חיצוניים.

אך החוויה המענגת הזו, הנובעת מסיפוק החוסר על ידי דברים, אינה נשארת לאורך זמן אלא מתפוגגת, ואנו שומרים רק על הזיכרון של הדברים שנראה כאילו הסירו את החוסר. לפיכך, בעתיד, מתעורר רצון מחודש לאותם דברים, העולה מתוך הזיכרון, ומתעוררת תחושת חוסר, אשר, אם אינה מתמלאת, שוב מובילה לכאב.

עונג הוא תודעה כפולה

עונג הוא תודעה כפולה - המורכבת מ"תודעת ריגוש" של החזקה בדבר הנחשק, ומהתודעה שכאב מחוסר הדבר אינו מורגש יותר. יש בו אלמנט של רגש ומחשבה כאחד. "תודעת הניגוד" האחרונה הזו,

כלומר, התודעה כולה (איך הרגשתי כאב כאשר לא היה לי את הדבר הנחשק, ואיך עכשיו אין לי כאב כי השגתי את מה שרציתי), היא מה שמהווה בעיקר את חן העונג.

מכאן אנו רואים שתודעה מקדימה של חוסר ותודעה של רצון שהתגשם נכנסות לתודעת העונג. לפיכך, תודעת העונג עוסקת בחוסר וסיפוקו. המוח הוא שיוצר את החוסר וגם מספק אותו.

טעות גדולה היא להתייחס לאובייקט מסוים כמענג בפני עצמו, ולאחסן את הרעיון הזה במוח מתוך תקווה למלא את החוסר על ידי נוכחותו בפועל בעתיד. אם אובייקטים היו מענגים בפני עצמם, אותו לבוש או אותו מאכל היו משמחים את כולם, תמיד, אבל זה לא המצב.

מה שמכונה עונג הוא למעשה פרי יצירתו של המוח - *זהו ריגוש תודעתי מתעתע, התלוי בסיפוק המצב הקודם של תשוקה ובתודעת הניגוד הנוכחית.* ככל שמאמינים שדבר מסוים מעורר תודעת עונג, וככל שהרצון אליו מושרש יותר במוח, כך גדלה האפשרות להשתוקק לדבר עצמו, שעצם נוכחותו נחשבת כמביאה תודעת עונג, והיעדרו כמעורר תחושת חוסר. שני מצבי תודעה אלו מובילים, בסופו של דבר, לכאב.

לכן, אם אנחנו באמת רוצים להפחית את הכאב, ככל האפשר, עלינו לשחרר את המוח בהדרגה מכל תשוקה ותחושת חוסר. אם הרצון לדבר מסוים, שאמור להסיר את החוסר, סולק, לא תתעורר עוד תודעת ריגוש מתעתעת של עונג, גם אם הדבר עצמו נוכח לפנינו.

אך במקום להפחית או להקטין את תחושת החוסר, אנו נוהגים להגדיל אותה וליצור רצונות חדשים ומגוונים מתוך סיפוק של אחד, וכתוצאה מכך נוצר הרצון להגשים את כולם. למשל, כדי להימנע מחוסר בכסף, אנו פותחים עסק. על מנת לנהל את העסק, עלינו לשים לב לאלפי רצונות וצרכים שניהול העסק כרוך בהם. כל רצון וצורך בתורו מייצר רצונות נוספים, ודורש יותר תשומת לב, וחוזר חלילה.

כך אנו רואים שהכאב המקורי, הכרוך בחוסר כסף, מוכפל פי אלף על ידי יצירת רצונות ואינטרסים נוספים. כמובן, אין הכוונה לומר שניהול עסק או הרווחת כסף הם שליליים או מיותרים. הנקודה היא שהרצון ליצור רצונות גדולים יותר ויותר הוא אינו דבר טוב.

בלבול בין האמצעי למטרה

אם, בניסיון להרוויח כסף למען מטרה מסוימת, אנו הופכים את הכסף למטרה בפני עצמה, השיגעון שלנו מתחיל. שכן האמצעי הופך למטרה, והמטרה האמיתית נעלמת מעינינו, וכך מתחילה האומללות שלנו. בעולם הזה, לכל אדם יש את חובותיו למלא. הרשו לנו, לצורך הדוגמה, לבחון שוב את המקרה הקודם.

איש משפחה צריך להרוויח כסף כדי לפרנס את משפחתו. הוא פותח עסק מסוים ומתחיל להשקיע בפרטים שיבטיחו את הצלחתו. כעת, מה קורה לעיתים קרובות לאחר זמן? העסק מצליח, וכסף מתחיל להצטבר, לעיתים מעבר למה שנחוץ למילוי החוסרים שלו ושל משפחתו.

בשלב זה קורים אחד משני דברים. או שהכסף מתחיל להיות יעד בפני עצמו, ומתפתחת הנאה מוזרה באגירתו, או שהתחביב בניהול העסק הופך למטרה בפני עצמה ומתגבר אף יותר. אנו רואים שבשני המקרים, האמצעים שנועדו לספק את הרצון המקורי – שהיה המטרה – הופכים למטרה בפני עצמה: כסף או עסק הופכים ליעד.

כמו כן, ייתכן שיתעוררו רצונות חדשים ומיותרים, ויעשה מאמץ למלא אותם באמצעות "דברים". בכל מקרה, תשומת הלב הבלעדית שלנו מתרחקת מהאושר העילאי (שאנו, מטבענו, נוטים לבלבל עם עונג, והאחרון הופך למטרתנו). כך, המטרה המקורית שלשמה כביכול הוקם העסק הופכת משנית ליצירה או הגדלה של התנאים או האמצעים. ובשורש של יצירת או הגדלת התנאים והאמצעים יש רצון להם, שהוא ריגוש או תחושה, וגם תמונה מנטלית מהעבר, כאשר תנאים אלו הולידו עונג.

באופן טבעי הרצון מבקש מילוי על ידי נוכחותם של תנאים אלה: כשהוא מתממש, מתעורר עונג; כשהוא לא מתממש, מתעורר כאב. וכיוון שעונג, כפי שכבר ציינו, נובע מרצון ותלוי בדברים חולפים, הוא מוביל לריגוש ולכאב כאשר אותם דברים נעלמים. כך מתחילה האומללות שלנו.

בקצרה: מהמטרה המקורית של העסק, שהייתה הסרת צרכים פיזיים, אנו סוטים לעבר האמצעים - או לעסק עצמו או לאגירת העו־שר שנובע ממנו - או לפעמים ליצירת רצונות חדשים; ומכיוון שאנו מוצאים הנאה בהם אנו נגררים בהכרח לכאב, שהוא, כפי שציינו, תמיד תוצאה עקיפה של עונג.

מה שנכון לגבי הרווחת כסף נכון גם לגבי כל פעולה אחרת בעו־לם. בכל פעם שאנו שוכחים את מטרתנו האמיתית - השגת אושר עילאי, או את המצב או צורת החיים המובילים לכך בסופו של דבר-ומקדישים את תשומת הלב הבלעדית שלנו לדברים שנחשבים בטעות כאמצעים או תנאים לאושר עילאי, והופכים אותם למטרות - אז הרצונות, התשוקות והריגושים שלנו ממשיכים להתגבר ואנו צועדים בדרך לסבל או לכאב.

אסור לנו לשכוח לעולם את המטרה שלנו. עלינו לשים גדר סביב הרצונות שלנו. אל לנו להמשיך להגדיל אותם, שכן זה יביא בסופו של דבר לסבל. עם זאת, איני מתכוון שלא נמלא חוסרים הכרחיים, הנובעים מיחסינו לעולם כולו, או שנהפוך לחולמים ואידיאליסטים בטלנים המתעלמים מחלקנו החיוני בקידום הקידמה האנושית.

לסיכום: כאב נובע מרצון, ובאופן עקיף גם מעונג, המפתח אנ־שים לתוך בוץ הרצונות המאמלל אותם לעד.

לפיכך אנו רואים שרצון הוא שורש כל האומללות, הנובע מתוך תחושת ההזדהות של העצמי עם המוח והגוף. לכן, עלינו *להרוג את ההיקשרות על ידי ביטול תחושת ההזדהות*. עלינו לנתק את חוט ההיקשרות וההזדהות בלבד. כפי שמינה "מנהל הבמה הגדול", עלי־

נו לשחק את תפקידנו על במת העולם עם כל המוח, האינטליגנציה והגוף, אך להישאר לא מושפעים או מוזזים מתודעת הנאה וכאב, בדומה לשחקנים על במה רגילה.

תודעת אושר עילאי מתעוררת עם ניתוק הזדהות גופית

כאשר יש חוסר תשוקה וניתוק מהזדהות, מתעוררת בנו תודעת אושר עילאי. כל עוד אתה אנושי אינך יכול להפסיק לרצות. בהיותך אנושי, איך תוכל אם כן לממש את האלוהות שבך? ראשית, עליך לטפח רצונות רציונליים; לאחר מכן, לעורר בתוכך רצון לדברים אציליים יותר, בעודך מנסה להשיג תודעת אושר עילאי. אתה תרגיש שחוט ההיקשרות האישי שלך לרצונות שונים יתנתק אוטומטית.

כלומר, ממרכז השלווה של האושר העילאי, תלמד בסופו של דבר *להתנער* מרצונותיך הקטנים והאנוכיים, ולהרגיש רק את אלו שנראה כי הם מונעים בך מתוך חוק גדול. כך אמר ישו המשיח: "אך אל יהא כרצוני כי אם כרצונך."*

כאשר אני אומר שהשגת האושר העילאי היא המטרה האוניברסלית של דת, איני מתכוון באושר עילאי למה שבדרך כלל מכונה עונג, או לאותו סיפוק אינטלקטואלי הנובע ממילוי רצון או חוסר, אשר מתערבב לעיתים עם ריגוש, כמו כאשר אנו אומרים שאנו נרגשים באופן מהנה. באושר עילאי אין ריגוש, וזה גם לא תודעת ניגוד: "הכאב או החוסר שלי הוסרו על ידי נוכחותם של חפצים כאלה ואחרים." זוהי תודעה של שלווה מושלמת - הכרה בטבע הרגוע שלנו, שאינו מזוהם על ידי תודעה חודרנית המתמקדת בהיעדר כאב.

איור יבהיר את הנקודה. יש לי פצע, ואני מרגיש כאב; כאשר הפצע נרפא, אני מרגיש עונג. תודעת העונג במקרה זה מורכבת מריגוש או רגש,

* הבשורה על פי לוקס כב:42

יחד עם תודעת מחשבה מתמשכת שאני כבר לא מרגיש את כאב הפצע.

כעת, אדם שהשיג אושר עילאי, גם אם הוא עלול לקבל פצע פיזי, ירגיש, כאשר הפצע ירפא, שמצב שלוותו לא הופר בזמן שהפצע היה קיים, ולא חזר אליו כאשר הפצע נרפא. הוא ירגיש שהוא עובר דרך יקום של כאב-עונג שאין לו באמת קשר אליו, ושאינו יכול להפריע או להגביר את מצב השלווה או האושר העילאי, הממשיך לזרום בתוכו ללא הפסקה. מצב זה של אושר עילאי חופשי מנטיות וריגושים הכ־רוכים בעונג וכאב.

בתודעת האושר העילאי קיימים היבטים חיוביים ושליליים. ההיבט השלילי הוא היעדר תודעת עונג-כאב; ההיבט החיובי הוא המצב הטרנסצנדנטי של רוגע נעלה, הכולל תודעה של התרחבות עצומה ושל "הכל באחד והאחד בכל." לתודעה זו יש רמות שונות. מחפש האמת הרציני זוכה לטעימה קטנה ממנה, בעוד שחוזה או נביא שופעים בה.

מכיוון שרצון וחוסר הם המקור לעונג ולכאב, חובתנו - אם אנו שואפים להשיג אושר עילאי - היא לגרש כל רצון מלבד הרצון לאושר עילאי, שהוא טבענו האמיתי. אם כל השיפורים שלנו - מדעיים, חב־רתיים ופוליטיים - מכוונים על ידי המטרה האוניברסלית האחת הזו (הסרת כאב), מדוע עלינו להכניס משהו זר (עונג), ולשכוח להיות מקובעים במה שהוא שלווה או אושר עילאי?

באופן בלתי נמנע, מי שנהנה מעונג הבריאות, יחווה לעיתים גם את הכאב שבחולי, כי עונג תלוי במצב המוח, כלומר, ברעיון הבריאות. זה אינו דבר רע להיות בריא, וגם אין פסול בלשאוף לבריאות. עם זאת, להיקשר לכך ולהיות מושפע מכך מבפנים, זה מה שיש להתנגד לו. זאת משום שהיקשרות כזו מייצרת רצון, שיוביל לאומללות.

עלינו לשאוף לבריאות לא לשם העונג שבה, אלא משום שהיא מאפשרת את ביצוע חובותינו ואת השגת מטרתנו. הבריאות, במוקדם

או במאוחר, תעמוד בסתירה למצב הנגדי, חולי. אך אושר עילאי אינו תלוי במצב מסוים, חיצוני או פנימי. *זהו המצב המולד של הרוח.* לכן אין לו חשש לסתירה הנובעת ממצבים אחרים. הוא ימשיך לזרום ללא הרף לעד, בתבוסה או בהצלחה, בבריאות או בחולי, בשפע או בעוני.

חלק 3

אלוהים כאושר עילאי

המניע המשותף לכל הפעולות

הדיון הפסיכולוגי לעיל על כאב, עונג ואושר עילאי, בעזרת שתי הדוגמאות הבאות, יבהיר את תפיסתי לגבי הצורך המשותף הנעלה ביותר והאלוהות, שעלו בקצרה בהתחלה.

הערתי בתחילה שאם נערוך התבוננות מדוקדקת בפעולותיהם של בני האדם, נראה שהמניע הבסיסי והאוניברסלי היחיד שעבורו פועל האדם הוא הימנעות מכאב וההשגה הנלווית של אושר עילאי, או אלוהים. החלק הראשון של המניע, הימנעות מכאב, הוא משהו שאיננו יכולים להתכחש לו אם נבחן את המניעים מאחורי כל המעשים הטובים והרעים שבוצעו בעולם.

קחו את המקרה של אדם הרוצה להתאבד, ושל אדם דתי באמת שהוא חסר תשוקה לדברים של העולם. אין ספק ששני האנשים האלה מנסים להיפטר מהכאב שמטריד אותם; שניהם מנסים לשים קץ לכאב לצמיתות. אם הם מצליחים בכך או לא - זו שאלה אחרת, אך בכל בנוגע למניעיהם, יש ביניהם אחדות.

אך האם כל הפעולות בעולם הזה מונעות *ישירות* על ידי הרצון להשיג אושר עילאי קבוע, או אלוהים, המרכיב השני במניע המשותף לכל הפעולות? האם לרשע יש את המניע המיידי להשיג אושר עילאי? סביר להניח שלא. הסיבה לכך צוינה בדיון על עונג ואושר עילאי. מצאנו שבגלל ההזדהות של העצמי הרוחני עם הגוף, נוצר הרגל של התמכרות לתענוגות, שבעקבותיו נוצרות תשוקות ורצונות. תשוקות ורצונות אלו מובילים לכאב, אם אינם מתמלאים, ולעונג אם מתמלאים- באמצעות אובייקטים.

אך כאן מתרחשת טעות קטלנית מצד האדם. כאשר רצון מת-

מלא, האדם זוכה להתרגשות מענגת, ובעקבות טעות מצערת הוא מתמקד אך ורק באובייקטים שיצרו את ההתרגשות הזו, ומניח שהם הגורמים העיקריים להנאתו. הוא שוכח לגמרי שקודם לכן חווה ריגוש בצורת תשוקה או רצון במוחו, ושלאחר מכן חווה ריגוש נוסף במוחו, בצורת עונג, שהתגבר על הריגוש הראשוני, שנראה כאילו נגרם על ידי בואם של האובייקטים. כך, למעשה, ריגוש אחד התעורר במוח והוחלף על ידי ריגוש אחר באותו המוח.

אובייקטים חיצוניים הם רק הנסיבות - הם אינם הסיבות. תשוקתו של אדם עני למעדנים עשויה להיות מסופקת על ידי ממתק רגיל, והגשמה זו תגרום לעונג. אך התשוקה למטעמים של אדם עשיר אולי תסופק רק על ידי מיטב המאפים, וההגשמה תעניק לו את אותה מידה של עונג. אם כך, האם העונג תלוי באובייקטים החיצוניים, או במצב המוח? בוודאי שזה תלוי במצב המוח.

אך עונג, כפי שאמרנו, הוא ריגוש. לכן לעולם אין זה מוצדק לסלק את הריגוש שברצון באמצעות ריגוש אחר, כלומר, זה שמורגש בעונג. מכיוון שאם נעשה זאת, הריגושים שלנו לעולם לא ייגמרו, וכך הכאב והאומללות שלנו לעולם לא ייפסקו.

רק תודעת אושר עילאי יכולה להשקיט ריגוש באופן יעיל

מה שעלינו לעשות הוא *להשקיט* את הריגוש הקיים ברצון ולא לעורר או להמשיך אותו באמצעות ריגוש בעונג. ההשקטה הזו אפשרית באופן יעיל רק באמצעות תודעת אושר עילאי, שאינה חוסר תחושה אלא מצב נשגב של אדישות הן לכאב והן לעונג. כל בן אנוש מבקש להגיע לאושר עילאי על ידי הגשמת רצון, אך הוא נעצר בטעות בעונג; כך הרצונות שלו לעולם אינם נגמרים, והוא נסחף למערבולת של כאב.

עונג הוא שוט מסוכן, ובכל זאת הקישור המענג הזה הופך למניע שלנו לפעולות עתידיות. זה הוכח כמתעתע כמו חזיון תעתועים

במדבר. מכיוון שעונג, כפי שנאמר קודם לכן, מורכב מתודעת-ריגוש ומתודעת-ניגוד שהכאב איננו יותר, כאשר אנו מכוונים אליו במקום לאושר עילאי, אנו מכינים את עצמנו לריצה פזיזה לתוך מעגל מציאות בורה, המביא עימו עונג וכאב ברצף בלתי פוסק. שינוי זווית הראיה מאושר עילאי לעונג מוביל אותנו למצוקה איומה.

לפיכך אנו רואים שלמרות שהמטרה האמיתית של האנושות היא הימנעות מכאב והשגת אושר עילאי, האדם, כתוצאה מטעות פטאלית, בעודו מנסה להימנע מכאב הולך אחרי משהו מתעתע בשם עונג, ומבלבל אותו עם אושר עילאי.

שהשגת אושר עילאי ולא עונג היא ההכרח האוניברסלי והנשגב, מוכח בעקיפין מכך שהאדם לעולם אינו מסתפק במושא אחד של עונג. הוא תמיד רץ מאחד לשני: מכסף ללבוש, מלבוש לרכוש, ומשם לעונג זוגי- תהליך של המשכיות חסרת מנוחה. ולכן הוא נופל שוב ושוב לכאב, למרות שהוא רוצה להימנע ממנו באמצעות אימוץ האמצעים הנראים לו ראויים. אך נראה כי תמיד נשארת בלבו כמיהה לא ידועה ולא מסופקת.

לעומת זאת אדם דתי (הדוגמה השנייה) שואף תמיד לאמץ אמצעים דתיים ראויים, שבאמצעותם יוכל לבוא במגע עם אושר עילאי, או אלוהים.

כמובן, כאשר אני אומר שאלוהים הוא אושר עילאי, כוונתי לכך שהוא קיים תמיד, והוא גם מודע לקיומו המאושר. וכאשר אנו מייחלים לאושר עילאי נצחי או אלוהים, משתמע שיחד עם אושר עילאי אנו רוצים גם קיום נצחי, אלמותי, לא משתנה, תמיד מודע. שכולנו, מהמפותחים ביותר ועד הפחות מפותחים, רוצים להיות באושר עילאי - הוכח *אפריודי*, מתוך התבוננות במניעים ובמעשים של בני האדם.

לחזרה על הטענה בצורה מעט שונה: נניח שישות מפותחת הייתה באה אלינו ואומרת לכל אנשי כדור הארץ: "אתם יצורי העולם! אתן לכם צער ואומללות נצחיים יחד עם קיום נצחי; האם תיקחו

זאת?" האם מישהו היה מרוצה מההצעה? אף לא אחד. כולם רוצים אושר עילאי נצחי (אננדה) יחד עם קיום נצחי (סאט). למעשה, הסתכלות על מניעי העולם מראה שאין אדם שלא היה רוצה אושר עילאי.

בדומה, אף אחד לא אוהב את האפשרות של הכחדה; אם הרעיון עולה, אנו רועדים ממנו. כולם רוצים להתקיים לנצח (סאט). אך אם היה ניתן לנו קיום נצחי ללא *הכרה* בקיום הזה, היינו מסרבים. כי מי היה רוצה לחיות בקיום של שינה אינסופית? אף אחד. כולנו רוצים קיום מודע.

לסיכום, אנו רוצים קיום נצחי, מאושר, מודע: *סאט-צ'יט-אננדה*, (Sat-Chit-Ananda - קיום-מודעות-אושר עילאי). זהו השם ההינדי לאלוהים. אך מתוך שיקול פרגמטי בלבד, אנו מדגישים את ההיבט המאושר של אלוהים ואת המניעים לאושר, ומשאירים בצד את ההיבטים של *סאט ו-צ'יט*, כלומר, *קיום מודע* (מבלי להעמיק כאן בהיבטים אחרים של אלוהים).

מהו אלוהים?

עכשיו, מהו אלוהים? אם אלוהים הוא משהו אחר מאושר עילאי, וההיקשרות אליו אינה מייצרת בנו שום אושר עילאי, או מייצרת בנו כאב בלבד, או אם ההיקשרות אליו אינה מרחיקה מאיתנו כאב, האם עלינו לרצות בו? התשובה היא לא. אם אלוהים הוא משהו חסר תועלת עבורנו, איננו רוצים בו. מה התועלת באלוהים שנשאר תמיד בלתי ידוע ושנוכחותו אינה מתגלמת *בתוכנו* לפחות בנסיבות מסוימות בחיינו?

תהיה אשר תהיה התפיסה שיצרנו לגבי אלוהים באמצעות ההיגיון (למשל: "הוא טרנסצנדנטי" או "הוא אימננטי") היא תמיד תישאר לא ברורה ומעורפלת, אלא אם נרגיש אותו ככזה. למעשה, אנו שומרים את אלוהים במרחק בטוח: לעיתים תופסים אותו כיצור אישי בלבד, ואז שוב חושבים עליו באופן *תאורטי* כמי ששוכן בתוכנו.

בגלל חוסר הבהירות ברעיון ובחוויה שלנו לגבי אלוהים, איננו מסוגלים לתפוס את הצורך האמיתי בו ואת הערך הפרגמטי של הדת. התאוריה או הרעיון חסרי הצבע האלה אינם מצליחים להביא לידיעה אמיתית. הם לא משנים את חיינו, לא משפיעים על התנהלותנו באופן משמעותי, ולא גורמים לנו לנסות לדעת את אלוהים.

ההוכחה לקיומו של אלוהים נמצאת בתוכנו

מה אומרת הדת האוניברסלית על אלוהים? היא אומרת שההוכחה לקיומו של אלוהים טמונה בתוכנו. זוהי חוויה פנימית. ודאי תוכלו להיזכר לפחות ברגע אחד בחייכם שבו, בתפילה או סגידה, הרגשתם שמגבלות גופכם כמעט נעלמו, שהדואליות של החוויה - עונג וכאב, אהבה ושנאה קטנוניים, וכן הלאה - כמעט נסוגה ממוחכם. אושר עילאי ושלווה טהורים מילאו את ליבכם, ונהניתם מרוגע בלתי פוסק - אושר עילאי ונחת.

אף על פי שחוויה נשגבת מסוג זה אינה מגיעה לרוב לכל אחד, אין ספק שכל בני האדם, בזמן זה או אחר, בתפילה, סגידה או מדיטציה, נהנו לפחות מכמה רגעים של שלווה צרופה.

האם זו אינה הוכחה לקיומו של אלוהים? איזו הוכחה ישירה יותר נוכל לתת לקיומו ולטבעו של אלוהים, מלבד קיומו של אושר עילאי בתוכנו בתפילה או בסגידה? אמנם קיימת ההוכחה הקוסמולוגית לקיומו של אלוהים - מהתוצאה אנו מגיעים לגורם, מהעולם לבורא עולם. קיימת גם ההוכחה הטלאולוגית - מה*טלוס* (תוכנית, הסתגלות) בעולם אנו מגיעים לחוכמה העליונה שיוצרת את התוכנית וההסתגלות. וקיימת גם ההוכחה המוסרית - מהמצפון ומתחושת השלמות אנו עולים אל הישות המושלמת שלה אחריותנו מוטלת.

ובכל זאת, עלינו להודות שהוכחות אלו הן במידה רבה תוצר של מסקנות. איננו יכולים להגיע לידיעה מלאה או ישירה על אלוהים בא-

מצעות הכוחות המוגבלים של השכל. השכל מעניק רק ראייה חל־קית ועקיפה של הדברים. להבין דבר אינטלקטואלית שונה לחלוטין מלראות אותו מתוך אחדות עמו: זה להביט על דבר בנפרדות ממנו. לעומת זאת, אינטואיציה, שאותה נסביר מאוחר יותר, היא התפיסה הישירה של האמת. באינטואיציה זו מתממשת תודעת האושר העי־לאי, או תודעת האלוהים.

אין ספק לגבי הזהות המוחלטת בין תודעת האושר העילאי לתו־דעת האלוהים, מכיוון שכאשר אנו נמצאים בתודעת אושר עילאי, אנו חשים שהאינדיבידואליות הצרה שלנו עברה טרנספורמציה ושהתעלינו מעל לדואליות של אהבה ושנאה קטנוניים, עונג וכאב, ושהשגנו דרגה שממנה הכאב וחוסר הערך של התודעה הרגילה נהיים ברורים בעליל.

במצב זה אנו גם חווים התרחבות פנימית ואהדה חובקת־כל לכל הדברים. מהומות העולם מתפוגגות, ריגוש נעלם, ותודעת "הכל באחד והאחד בכל" מתעוררת בנו. חזיון אור מפואר מופיע. כל הפ־גמים, כל הזוויות, שוקעים לתוך האין. נראה שאנו נלקחים אל מרחב אחר, מקור האושר העילאי האינסופי, נקודת ההתחלה של המשכיות בלתי פוסקת. האם תודעת האושר העילאי אינה זהה, אם כן, לתודעת האלוהים, שבה מתקיימים מצבי ההכרה הללו?

ברור, אם כן, שאלוהים אינו יכול להיות מוסבר טוב יותר מאשר כאושר עילאי– אם אנו מנסים להביא אותו לטווח החוויה השלווה של כל אדם. אלוהים לא יהיה עוד השערה תאורטית בלבד. האם זו אינה תפיסה אצילית יותר של אלוהים? הוא נתפס כמגולם בליבנו, בצורת אושר עילאי, במדיטציה - במצב של תפילה או סגידה.

הדת נעשית נחוצה באופן אוניברסלי רק כאשר אלוהים נתפס כאושר עילאי

אם אנו תופסים את אלוהים בדרך זו, כאושר עילאי, אז ורק אז

נוכל להפוך את הדת להכרחית אוניברסלית. מכיוון שאף אחד אינו יכול להכחיש שהוא רוצה להשיג אושר עילאי, ואם הוא רוצה להשיג זאת בדרך נאותה, הוא יהפוך לדתי על ידי התקרבות לאלוהים והרגשתו, המתואר כקרוב מאוד לליבו בצורת אושר עילאי.

תודעת האושר העילאי הזו, או תודעת האלוהים, יכולה לחלחל לכל פעולותינו ומצבי הרוח שלנו, אם רק נאפשר לה. אם נשיג אחיזה איתנה עליה, נוכל לשפוט את הערך הדתי היחסי של כל פעולה ומניע של האדם על פני כדור הארץ.

אם נשתכנע אחת ולתמיד שהשגת תודעת אושר עילאי זו היא הדת שלנו, המטרה שלנו, הסוף האולטימטיבי שלנו - אז כל הספקות באשר למשמעותן של תורות, צווים ואיסורים מגוונים של האמונות השונות בעולם ייעלמו. הכול יתפרש באור רמת ההתפתחות שעבורה הם נקבעו.

האמת תאיר החוצה, מסתורין הבריאה ייפתר, ואור יפציע על פרטי חיינו, על פעולותיהם ומניעיהם השונים. נוכל להפריד את האמת העירומה מהנספחים החיצוניים של דוקטרינות דתיות ולזהות את חוסר הערך של המוסכמות, אשר לעיתים קרובות כל כך מטעות אנשים ויוצרות הבדלים ביניהם.

יתר על כן, אם דת מובנת כך, אין אדם בעולם - בין אם ילד, נער, או איש זקן- שאינו יכול לקיים אותה, תהיה אשר תהיה תחנת החיים שבה הוא נמצא, בין אם סטודנט, פועל, עורך דין, רופא, נגר, אקדמאי או פילנתרופ. אם הדת היא ביטול תחושת החוסר והשגת אושר עילאי, מיהו שאינו מנסה להיות דתי ושלא ירצה להיות כך במידה רבה יותר, אם יראו לו את השיטות המתאימות לו?

כאן לא עולה השאלה של מגוון הדתות- זו של ישו, מוחמד, או שרי קרישנה. כולם בעולם מנסים בהכרח להיות דתיים, ויכולים לשאוף להיות דתיים יותר על ידי אימוץ אמצעים מתאימים. אין כאן

הבחנה בין מעמד חברתי או אמונה, פלג או דת, לבוש או אקלים, גיל או מין, מקצוע או תפקיד. מכיוון שדת זו היא אוניברסלית.

אם הייתם אומרים שכל האנשים בעולם צריכים להכיר בשרי קרישנה כמושיעם, האם כל הנוצרים והמוסלמים היו מקבלים זאת? אם הייתם מבקשים מכולם לקבל את ישו כאדונם, האם כל ההינדים והמוסלמים היו מסכימים לכך? ואם הייתם מציעים לכולם לקבל את מוחמד כנביאם, האם הנוצרים וההינדים היו מקבלים זאת?

אך אם תאמרו, "הו אחיי הנוצרים, המוסלמים וההינדים, אדוני־ כם האלוהים הוא קיום מודע (הוויה) של תודעת אושר עילאי תמידי", האם הם לא יקבלו זאת? האם הם יכולים לדחות זאת? האם הם לא ידרשו אותו כהאחד והיחיד שיכול לשים קץ לכל סבלם?

לא ניתן גם לברוח ממסקנה זו על ידי אמירה שהנוצרים, ההינדים והמוסלמים אינם תופסים את ישו, קרישנה ומוחמד, בהתאמה, כאדון האלוהים – הם נחשבים לנושאי הדגל של אלוהים, התגלמות אנושית של האלוהות. מה אם מישהו חושב כך? הרי זה לא הגוף הפיזי של ישו, קרישנה או מוחמד שמעניין אותנו בעיקר, וגם לא המקום ההיסטורי שבו הם שכנו.

הם אינם בלתי נשכחים עבורנו רק בגלל הדרכים השונות והמע־ ניינות שבהן הטיפו את האמת. *אנו מעריכים אותם כי הם ידעו והר־ גישו את אלוהים.* זוהי העובדה שמעניינת אותנו בקיומם ההיסטורי ובדרכיהם הרבות להביע את האמת.

האם לא כולם הכירו באלוהים כאושר עילאי וגילמו ברכות אמי־ תיות כאנשי אלוהים אמיתיים? האם אין זה קשר מספיק לאחדות ביניהם – שלא לדבר על היבטים אחרים של אלוהות ואמת שהם מי־ משו וביטאו? האם אין זה נכון שנוצרי, הינדי ומוסלמי ימצאו עניין בנביאים אחד של השני, מכיוון שכולם הגשימו הכרה אלוהית? כפי שאלוהים מאחד את כל הדתות, הכרתו כאושר עילאי היא זו שמאח־

דת את תודעם של נביאי כל הדתות*.

באלוהים או בתודעת אושר עילאי השאיפות הרוחניות שלנו מתגשמות

אין לחשוב שתפיסה זו של אלוהים מופשטת מדי, שאין לה דבר עם התקוות והשאיפות הרוחניות שלנו, הדורשות תפיסה של אלוהים כישות אישית. זו אינה תפיסה של ישות אימפרסונלית בלבד, כפי שמקובל לעיתים להבין, וגם לא תפיסה צרה של ישות אישית.

אלוהים אינו אדם במובן המוגבל שאנו תופסים את עצמנו. ההוויה, התודעה, הרגשות והרצון שלנו הם רק צל של דמיון להוויה (קיום), לתודעה ולאושר העילאי של אלוהים. הוא "אדם" במובן הטרנסצנדנטלי. ההוויה, התודעה והרגשות שלנו מוגבלים ואמפיריים; שלו, בלתי מוגבלים וטרנסצנדנטליים. יש לו היבט לא אישי ואבסולוטי, אך אין זה אומר שהוא מעבר להישג יד של כל חוויה - אפילו הפנימית ביותר שלנו.

אלוהים מופיע מתוך החוויה הרגועה של כל אחד מאיתנו. בתודעת האושר העילאי אנו מכירים אותו. לא יכולה להיות הוכחה ישירה אחרת לקיומו. בתוכו, כאושר עילאי, התקוות והשאיפות הרוחניות שלנו מוצאות הגשמה, והמסירות והאהבה שלנו מוצאות מושא. תפיסה של ישות אישית שהיא לא יותר מעצמנו מעוצמים אינה נחוצה. אלוהים יכול להיות או להפוך לכל דבר - אישי, בלתי-אישי, כל-רחום, כל-יכול, וכו'. אך איננו נדרשים להתמקד בכל ההיבטים הללו. כל תפיסה שהצגנו תתאים בדיוק למטרתנו, לתקוותנו, לשאיפותינו ולשלמותנו.

* תודעת אושר עילאי מודגשת גם במה שמכונה דתות אתאיסטיות, כגון הבודהיזם. הנירוונה הבודהיסטית אינה, כפי שטועים לחשוב סופרים מערביים רבים, "כיבוי האור" או הכחדה של הקיום. היא למעשה השלב שבו האינדיבידואליות הצרה נמחקת, ורוגע נעלה באוניברסליות מושג. זהו בדיוק מה שמתרחש בתודעת אושר עילאי גבוהה יותר, אף על פי שהבודהיסט אינו מקשר לכך את שם האלוהים.

אל לנו גם לחשוב שתפיסה זו של אלוהים תהפוך אותנו לאידאליסטים חולמניים, מנותקים מהחובות והאחריות, השמחות והצער, של העולם המעשי. אם אלוהים הוא אושר עילאי, ואם אנו מחפשים את האושר העילאי כדי להכיר אותו, אסור לנו להזניח את חובותינו ואחריותנו בעולם. בביצועם אנו עדיין יכולים לחוש אושר עילאי, מכיוון שהוא מעבר להם, ולכן אין הם יכולים להשפיע עליו. אנו מתעלים מעל לשמחות ולעצבות של העולם באושר עילאי, אך איננו מתעלים מעל הצורך בביצוע חובותינו הנכונות בעולם.

איש ההכרה העצמית יודע שאלוהים הוא העושה; כל הכוח לבצע פעולות זורם אלינו ממנו. מי שמרוכז באני הרוחני שלו מרגיש את עצמו כצופה האובייקטיבי של כל הפעולות - בין אם הוא רואה, שומע, מרגיש, מריח, טועם, או חווה חוויות מגוונות אחרות עלי אדמות. שקועים באושר עילאי, אנשים כאלה חיים את חייהם בהתאמה לרצון האלוהים.

כאשר מטפחים אי-היקשרות, האגואיזם הצר נעלם. אז אנו מרגישים שאנו ממלאים את תפקידנו המיועד על בימת העולם, מבלי להיות מושפעים פנימית משמחה וצער, מאהבה ושנאה, שמשחק התפקיד כרוך בהם.

המחזה הגדול של החיים

אכן, מכל הבחינות, ניתן לדמות את העולם לבמה. מנהל הבמה בוחר אנשים שיעזרו לו בהעלאת מחזה מסוים. הוא מקצה תפקידים ספציפיים לאנשים מסוימים; כולם עובדים לפי הנחיותיו. את האחד מנהל הבמה הופך למלך, אחד לשר, אחד למשרת, אחר לגיבור, וכן הלאה. אדם אחד צריך למלא תפקיד מצער, אחר תפקיד משמח.

אם כל אחד משחק את תפקידו לפי הנחיותיו של מנהל הבמה, אז ההצגה, על כל מגוון הקטעים הקומיים, הרציניים והעצובים, הופכת להצלחה. אפילו לחלקים שנראים חסרי חשיבות יש מקום הכרחי במחזה.

הצלחת המחזה טמונה במשחק המושלם של כל חלק. כל שחקן משחק את תפקיד הצער או ההנאה שלו באופן מציאותי, ובמראה החי־צוני נראה שהוא מושפע ממנו; אך בתוכו הוא נשאר בלתי נגוע ממנו או מהתשוקות שהוא מציג - אהבה, שנאה, תשוקה, זדון, גאווה, ענווה.

אך אם שחקן, תוך כדי משחק תפקידו, מזהה את עצמו לחלוטין עם הסיטואציה או התחושות שבהצגה, ושוכח את זהותו האמיתית, הוא ייחשב לטיפש, בלשון המעטה. סיפור ימחיש זאת בצורה ברורה יותר.

פעם, בביתו של אדם עשיר, הועלה המחזה *הראמאיאנה**. במה־לך ההצגה התברר כי השחקן שהיה אמור לשחק את התפקיד של הנו־מאן (קוף), המלווה-החבר של ראמה**, נעדר. במצוקתו, תפס מנהל הבמה אדם פשוט ומכוער בשם נילקאמאל, וניסה לשכנעו לשחק את התפקיד של הנומאן.

נילקאמאל, בתחילה, סירב, אך לבסוף נאלץ להופיע על הבמה. מראהו המכוער עורר צחוק רם בקהל, והם החלו לצעוק בעליצות, "הנומאן, הנומאן!"

נילקאמאל לא יכול היה לשאת זאת. הוא שכח שזו הייתה רק הצגה, ופרץ בבכי מר, כשהוא מייבב: "למה, אדונים, אתם קוראים לי הנומאן? למה אתם צוחקים? אני לא הנומאן. מנהל הבמה הכריח אותי לעלות לכאן כך."

בעולם המורכב הזה, החיים שלנו אינם אלא מחזה. אך אבוי, אנו מזהים את עצמנו עם המחזה ולכן חווים גועל, צער ועונג. אנו שוכ־חים את ההכוונה וההנחיות של מנהל הבמה הגדול. בעודנו חיים את חיינו - משחקים את תפקידנו - אנו חווים את הצער, העונג, האהבות

* מחזה המבוסס על האפוס הסנסקריטי העתיק מאותו השם.

** הדמות המרכזית הקדושה בראמאיאנה.

והשנאות כאמיתיים. במילים אחרות, אנו נקשרים ומושפעים.

המחזה הזה של העולם הוא ללא התחלה וללא סוף. כל אחד מאיתנו צריך לשחק את תפקידו, כפי שהוקצה על ידי מנהל הבמה הגדול, ברצון, ולמען המחזה בלבד; עלינו לשחק עצבות כאשר עלינו לגלם חלקים עצובים, או שביעות רצון כאשר אנו מגלמים חלקים מה־נים, אך לעולם לא להיות מזוהים פנימית עם המחזה.

אין זה ראוי שאדם ירצה לשחק את תפקידו של אחר. אם כולם בעולם יגלמו את תפקיד המלך, המחזה יאבד את עניינו ומשמעותו.

מי שהגשים תודעת אושר עילאי *יחווה* את העולם כבמה, וימלא את תפקידו כמיטב יכולתו, בעודו זוכר תמיד את מנהל הבמה הגדול, אלוהים, ויודע ומרגיש את תוכניתו והכוונתו.

חלק רביעי

ארבע שיטות דתיות בסיסיות

הצורך בשיטות דתיות

ראינו בחלקים 1, 2 ו-3 שההזדהות של העצמי הרוחני עם הגוף והמוח היא הסיבה הבסיסית לכאב, לסבל ולמגבלות שלנו; וכתוצאה מהזדהות זו אנו חווים ריגושים כמו כאב ועונג, תוך שאנו כמעט עיוורים למצב של אושר עילאי, או תודעה אלוהית. ראינו גם שדת מורכבת בעיקר מהימנעות קבועה מכאב כזה ומהשגת אושר עילאי טהור, או אלוהים.

כפי שלא ניתן לתפוס את דמותה האמיתית של השמש על פני מים זורמים, כך גם טבעו האמיתי של העצמי הרוחני של אושר עילאי - השתקפות של הרוח האוניברסלית - אינו ניתן להבנה בשל גלי האי-שקט הנובעים מהזדהות העצמי עם המצבים המשתנים של הגוף והמוח. כשם שהמים הזורמים מעוותים את דמותה האמיתית של השמש, כך גם המצב המעורער של המוח, דרך ההזדהות, מעוות את טבעו האמיתי המאושר תמידית של העצמי הפנימי.

מטרת פרק זה היא לדון בשיטות הקלות, הרציונליות והבסיסיות ביותר - פרקטיות לכולם - לשחרור העצמי הרוחני המאושר תמידית מהקשר ומההזדהות ההרסניים שלו עם הגוף והמוח הזמניים, וכך יאפשרו לו להימנע מכאב לצמיתות ולהשיג אושר עילאי, שהוא למעשה מהות הדת.

לפיכך, השיטות הבסיסיות שיש לשקול הן דתיות במהותן וכוללות פעולות דתיות, שכן רק באמצעותן יכול העצמי הרוחני להשתחרר מהזדהות עם הגוף והמוח ובכך מכאב, ולהצליח להשיג אושר עילאי מתמיד, או אלוהים.

"בן-האלוהים" ו"בן-האדם"

כשישו קרא לעצמו "בן-האלוהים", הוא התכוון לרוח האוניבר־סלית השוכנת בתוכו. בבשורה על פי יוחנן י:36 ישו אומר: "לזה אשר האב קדשו ושלח אותו אל העולם...משום שאמרתי 'בן-אלוהים אני'."

אך, בזמנים אחרים, כשישו השתמש בביטוי אחר - "בן-האדם" - הוא התכוון לגוף הפיזי, לצאצא האדם, לבשר שנולד מגוף אנושי אחר. לדוגמא, בבשורה על פי מתי כ:19-18, ישו אומר לחסידיו: "הנה אנחנו עולים לירושלים ובן-האדם ימסר לראשי הכוהנים...הם...ימס־רו אותו לגויים..לצלב אותו."

בבשורה על פי יוחנן ג:6-5, ישו אומר: "אם לא יולד איש מן המים (הרטט האוקיאני של*אום* או*אמן*, רוח הקודש, הכוח הבלתי נראה המקיים את כל הבריאה, אלוהים בהיבט האימננטי שלו של הבורא) והרוח לא יוכל להיכנס למלכות האלוהים. הנולד מן הבשר בשר הוא והנולד מן הרוח רוח הוא." הכוונה במילים אלו היא שאם לא *נתעלה* מעל הגוף ונממש עצמנו כרוח, לא נוכל להיכנס לממלכה או למצב של אותה רוח אוניברסלית.

מחשבה זו מהדהדת בצמד המילים בסנסקריט של כתבי הקודש ההינדים: "אם אתה יכול להתעלות מעל הגוף ולהכיר בעצמך כרוח, תהיה מאושר לנצח, חופשי מכל כאב."

עכשיו, ישנן *ארבע* שיטות דתיות בסיסיות, אוניברסליות, אשר אם משתמשים בהם ביומיום, ישחררו עם הזמן את העצמי הרוחני מהכבלים של כלי הרכב הגופניים והמנטליים שלו. תחת ארבע הכי־תות של השיטות הדתיות הללו אני כולל את כל המנהגים הדתיים האפשריים שאי פעם נצטוו על ידי כל קדוש או צדיק או נביא אלוהים.

מקורה של העדתיות

מנהגים דתיים מוטבעים על ידי נביאים בצורה של דוקטרינות. אנשים בעלי תבונה מוגבלת, שאינם מצליחים לפרש את המשמעות

האמיתית של דוקטרינות אלו, מקבלים את המשמעויות האקזוטריות או החיצוניות שלהן ובהדרגה נופלים לתבניות, מוסכמות ופרקטיקות נוקשות. זהו מקורה של העדתיות.

מנוחה מעבודה ביום השבת התפרשה בטעות כמנוחה מכל עבודה – אפילו עבודת דת. זו הסכנה לאנשים עם הבנה מוגבלת. עלינו לזכור שלא נבראנו עבור השבת, אלא שהשבת נוצרה למעננו; אנו לא נוצרנו עבור חוקים, אלא החוקים נוצרו עבורנו – הם משתנים ככל שאנו מש־תנים. עלינו להיצמד למהות החוק, ולא בצורה דוגמטית לצורתו.

שינוי צורות ומנהגים נתפסים על ידי רבים כשינוי מדת אחת לא־חרת. אף על פי כן, המרכיב העמוק ביותר של כל הדוקטרינות של כל הנביאים השונים הוא למעשה זהה. רוב בני האדם אינם מבינים זאת.

הסכנה גדולה באותה מידה גם במקרה של האינטלקטואלים הגדולים: הם מנסים לדעת את האמת הגבוהה ביותר על ידי שימוש באינטלקט בלבד; אך האמת הגבוהה ביותר ניתנת לידיעה רק על ידי מימוש. מימוש הוא משהו שונה מהבנה בלבד. איננו יכולים להבין אינטלקטואלית את מתיקות הסוכר אם לא נטעם אותו. כך גם ידע דתי נובע מהחוויה העמוקה ביותר של נשמתו של כל אחד מאיתנו. את זאת אנו שוכחים לעתים קרובות כאשר אנו מבקשים ללמוד על אלוהים, דוגמות דתיות ומוסר. לעיתים נדירות אנו מבקשים לדעת אותם דרך חוויה דתית פנימית.

חבל שאנשים בעלי כוח אינטלקטואלי רב, המצליחים בשימוש בתבונה לגילוי אמיתות עמוקות במדעי הטבע ובתחומי ידע אחרים, חושבים שיוכלו להבין גם מבחינה אינטלקטואלית את האמיתות הד־תיות והמוסריות הגבוהות ביותר. חבל גם שהאינטלקט או ההיגיון של אנשים אלו, במקום להיות לעזר, מתגלים לעיתים קרובות כמחסום להבנתם את האמת הגבוהה ביותר על ידי האמצעים היחידים האפ־שריים – לחיות אותה בחייהם.

הבה נבחן את ארבע השיטות המאפיינות צמיחה דתית.

ארבע שיטות דתיות בסיסיות

1. השיטה השכלית

השיטה השכלית היא השיטה הטבעית המאומצת בדרך כלל, אך היא אינה יעילה בהגשמת המטרה במהירות.

ההתפתחות וההתקדמות השכלית הן טבעיות, ולכן משותפות לכל היצורים הרציונליים. המודעות העצמית שלנו היא זו שמבדילה אותנו מהחיות הנחותות יותר, שהן מודעות, אך אינן מודעות לעצמן.

בדרגות ובתהליכי האבולוציה אנו רואים שתודעה זו משתנה בהדרגה למודעות עצמית - מתודעת החיה עולה מודעות עצמית. התודעה מנסה בהדרגה לשחרר את עצמה ולהכיר את עצמה על ידי עצמה; כך היא משתנה למודעות עצמית. שינוי זה נובע מצורך אבו־לוציוני, והדחף האוניברסלי לחיפוש אינטלקטואלי נובע מהנטייה האבולוציונית הזו. העצמי הרוחני, המזוהה עם דרגות ומצבים גופניים ונפשיים, מנסה בהדרגה ובאופן טבעי לחזור לעצמו דרך עצמו.

התפתחות תהליך החשיבה המודע היא אחת השיטות שהעצמי הרוחני מאמץ כדי להתעלות מעל מגבלות הגוף והמוח. המאמץ של העצמי הרוחני לחזור לעצמו - מצבו האבוד - דרך התפתחות תהליך החשיבה הוא טבעי. זהו התהליך של העולם.

הרוח האוניברסלית מבטאת את עצמה בדרגות שונות של הת־פתחות, מנמוכות לגבוהות יותר. באבנים ובאדמה אין חיים או תוד־עה שאנו יכולים להכיר בהם. בעצים יש התפתחות וגטטיבית, גישה לחיים, אך אין בהם חיים בלתי מופרעים או תהליך חשיבה מודע כלל. בבעלי חיים יש חיים וגם תודעת חיים. באדם - נקודת השיא - יש חיים, מודעות לחיים וגם מודעות ל"עצמי" (מודעות עצמית).

לפיכך, טבעי לאדם לפתח את עצמו דרך חשיבה והיגיון, על ידי לימוד מעמיק של ספרים, עבודת מחקר מקורית, וחקירות מעבדתיות לסיבות ולתוצאות של העולם הטבעי.

ככל שהאדם עוסק יותר בתהליכי חשיבה, ניתן לומר שהוא משתמש יותר ב"שיטה" שבה הפך להיות מה שהוא במהלך תהליך האבולוציה העולמי (כלומר, השיטה שבאמצעותה התודעה מתפתחת למודעות עצמית) וכך הוא מתקרב, ביודעין או שלא ביודעין, אל הע־צמי – שכן *במחשבה אנו מתעלים מעל הגוף.*

השימוש המכוון בשיטה זו יביא לתוצאות בוודאות. הפעלת מחשבה בלימוד, לצורך רכישת ידע בתחום מסוים, למרות שבמי־דה מסוימת משפרת את המודעות העצמית, אינה יעילה כמו תהליך חשיבה שמטרתו היחידה היא התעלות מעל הגוף וראיית האמת.

בהודו, השיטה השכלית בצורתה הגבוהה ביותר נקראת *ג'נאנה יוגה* – השגת חוכמה אמיתית דרך הזכרות והבחנה, כמו להזכיר לעצ־מך כל הזמן: "אני לא הגוף. המופע החולף של הבריאה לא יכול להש־פיע על העצמי שלי. אני רוח אלוהית."

אחד הפגמים בשיטה זו הוא שזהו תהליך מאוד *איטי* עבור הע־צמי הרוחני להכיר את עצמו בדרך זו. זה עשוי לדרוש זמן רב. בעוד שהעצמי הרוחני מתחיל להבין מודעות עצמית בשיטה זו, הוא עדיין עסוק תמיד בסדרות של מחשבות מנטליות חולפות שאין לו קשר אליהן.

שלוות הרוח היא מעבר למחשבה ולתחושה גופנית, אם כי לאחר השגתה היא זורמת לתוכן.

2. שיטת המסירות

זו מורכבת מהניסיון למקד את תשומת הלב שלנו במושא מח־שבה אחד, ולא בסדרות מחשבתיות שונות ובנושאים מגוונים (כמו

בשיטה השכלית).

תחת שיטת המסירות כלולות כל צורות הסגידה, כגון תפילה (שבה עלינו למחוק כל מחשבה על דברים ארציים). העצמי הרוחני צריך להסב את תשומת ליבו בצורה עמוקה וביראה לכל מה שהוא בוחר להתרכז בו - בין אם זו מחשבה על אלוהים אישי או על נוכחות בלתי אישית השוררת בכל מקום. הנקודה העיקרית היא שהחסיד צריך להתרכז במחשבת מסירות אחת *ברצינות אמיתית*.

בתהליך זה העצמי הרוחני משתחרר בהדרגה מההפרעות של מחשבות רבות - סדרת ההפרעות השנייה - ומקבל זמן והזדמנות לחשוב על עצמו בתוך עצמו. כאשר אנו מתפללים ברצינות, אנו שוכחים את כל התחושות הגופניות ומרחיקים את כל המחשבות החודרניות שמנסות למשוך את תשומת הלב שלנו.

ככל שהתפילה שלנו עמוקה יותר, הסיפוק מורגש יותר, וזה הופך לקריטריון שלפיו אנו מודדים עד כמה התקרבנו לאושר אלוהי. כשהתחושות הגופניות נשארות מאחור וככל שהמחשבות הנוודות נבדקות, מתגלה העליונות של שיטה זו על פני השיטה הקודמת.

עם זאת, שיטה זו מציגה פגמים וקשיים מסוימים. כתוצאה מההיקשרות והעבדות הארוכה והמתמשכת של העצמי הרוחני לגוף - להרגל הרע השורשי והעמוק הזה - הוא מנסה בחוסר יעילות להפנות את תשומת ליבו מתחום התחושות הגופניות והמנטליות.

לא משנה כמה אדם ירצה להתפלל או לעסוק בכל צורה של סגידה מכל הלב, תחושות גופניות פולשות ומחשבות חולפות שמביא הזיכרון מפריעות ללא רחמים לתשומת הלב. בתפילה אנו לעיתים קרובות שקועים לחלוטין בהתחשבות בנסיבות הנוחות לה, או שאנחנו מוכנים מדי להסיר כל אי נוחות גופנית מפריעה.

למרות כל המאמצים המודעים שלנו, ההרגלים הרעים שלנו, שהפכו לטבע שני עבורנו, שולטים על רצונות העצמי. למרות רצוננו,

אחד מהמפגשים הראשונים שפרמאהנסה יוגאננדה ערך במטה
הראשי הבינלאומי של SRF בלוס אנג'לס, 1925

המטה הראשי הבינלאומי של Self-Realization Fellowship

המוח נהיה חסר מנוחה, ובפרפרזה, " בכל מקום שתהיה דעתך, שם יהיה גם ליבך." נאמר לנו להתפלל לאלוהים בכל לבבנו. אך בפועל אנו בדרך כלל מתפללים בזמן שהדעת והלב שלנו מוסחים על ידי מחשבות נודדות ורשמים חושיים.

3.שיטת המדיטציה

שיטה זו והשיטה הבאה הן מדעיות באופן טהור, הכוללות דרך תרגול מעשית, ומומלצות לשימוש על ידי חכמים גדולים שממשו באופן אישי את האמת בחייהם. אני עצמי למדתי מאחד שכזה.

אין שום מסתורין בשיטות אלו, וגם אין בהן דבר שצריך לחשוש ממנו כמזיק; הן קלות, אם מכירים אותן כראוי. הן יתגלו כנכונות באופן אוניברסלי. ידע שנחווה בפועל הוא ההוכחה הטובה ביותר לתוקף ולתועלת הפרגמטית שלהן.

על ידי תרגול קבוע של מדיטציה עד שהיא הופכת להרגל, אנו יכולים להגיע למצב של "שינה מודעת." בדרך כלל אנו חווים את המצב השלו, הרגוע והמהנה הזה בדיוק כאשר אנו נופלים לשינה עמוקה ומתקרבים לאובדן הכרה, או כאשר אנו מתעוררים ממנה ומתקרבים להכרה.

במצב זה של שינה מודעת אנו משתחררים מכל המחשבות והתחושות הגופניות החיצוניות, והעצמי מקבל הזדמנות להתבונן בעצמו - הוא מגיע למצב של אושר עילאי מדי פעם, בהתאם לעומק ולתדירות של תרגול המדיטציה.

במצב זה אנו חופשיים באופן זמני מכל ההפרעות הגופניות והמנטליות שמסיטות את תשומת הלב של העצמי. דרך תהליך זה של מדיטציה, האיברים החיצוניים או החושיים נשלטים על ידי השקטת העצבים הרצוניים, כמו בשינה.

מצב זה של מדיטציה הוא השלב הראשון, ולא הסופי, של מדיט-

ציה אמיתית. בשינה מודעת אנו לומדים לשלוט רק באיברים החיצוניים או החושיים; ההבדל היחיד הוא שבשינה רגילה אברי החישה נשלטים באופן אוטומטי, בעוד שבמדיטציה אברי החישה נשלטים מתוך רצון.

עם זאת, בשלב מוקדם זה של מדיטציה, העצמי הרוחני עדיין פגיע להפרעות מצד האיברים הפנימיים הבלתי רצוניים; למשל, הריאות, הלב, ושאר חלקי הגוף שאנו מניחים בטעות שהם מעבר לשליטתנו.

עלינו לחפש שיטה טובה מזו; מכיוון שכל עוד העצמי הרוחני אינו מסוגל לכבות מרצון את כל התחושות הגופניות – כולל התחושות הפ־נימיות, שהן הגורמות לעליית המחשבות – והוא נותר פגיע להפרעות אלו, אין לו תקווה לשלוט על הזמן או על ההזדמנות להכיר את עצמו.

4.השיטה המדעית או יוגה

פאולוס הקדוש אמר: *"יום יום אני מת**."* בכך התכוון שהוא ידע את תהליך השליטה באיברים הפנימיים ויכול היה לשחרר מרצון את העצמי הרוחני שלו מהגוף ומהמוח – חוויה שאנשים רגילים ולא מאומנים יכולים לחוות רק במוות הסופי, כאשר העצמי הרוחני מש־תחרר מהגוף השחוק.

כעת, על ידי תהליך אימון מעשי ועקבי בשיטה מדעית זו***, ניתן לחוות את העצמי כנפרד מהגוף, *ללא מוות סופי*.

---

* לעיתים רחוקות אנו לומדים, כפי שלמדו קדושים וחכמים גדולים, כיצד לתת מנוחה לאיברים הפנימיים הללו. מכיוון שאנו מניחים בטעות שהם אינם ניתנים לשליטה, הם סובלים ממאמץ יתר ולפתע מפסיקים, את העצירה הזו אנו מכנים "מוות" או "השינה הגדולה".

** קורינתיים 15:31

*** השיטה המדעית שאליה מתייחסים כאן ולאורך שאר הספר היא *קריה יוגה*, מדע רוחני עתיק הכולל טכניקות יוגיות מסוימות של מדיטציה, כפי שלימד פרמאהנסה יוגאננדה בשיעורי Self-Realization Fellowship. (הערת המפרסם)

אני אתן מושג כללי בלבד על התהליך ועל התאוריה המדעית האמיתית שעליה היא מבוססת. אני מניח אותה כאן מתוך ההתנסות האישית שלי. ואני יכול לומר בביטחון שהיא תימצא נכונה ואוני־ ברסלית. כמו כן, אני יכול לומר בבטחה שאושר עילאי, שהוא, כפי שציינתי, המטרה הסופית שלנו, מורגש במידה רבה בביצוע תרגול שיטה זו. עצם התרגול מביא אושר עילאי עוצמתי – אושר טהור בה־ רבה, אני מעז לומר, מכל ההנאות הגדולות שחמשת החושים שלנו או המוח מספקים.

אני לא רוצה לתת שום הוכחה אחרת לאמיתותיה מלבד ניסיונכם האישי. ככל שמתרגלים אותה בסבלנות ובקביעות, כך מרגישים את השפעתה בעוצמה הולכת וגוברת, ולאורך זמן מתקבעים באושר.

עם זאת, עקב התמדה בהרגלים רעים, תודעת הקיום הגופני – עם כל זיכרונותיה – מתעוררת מדי פעם ונלחמת בשלווה הזו. אך אם מישהו מתרגל את השיטה באופן קבוע ולזמנים ממושכים, ניתן להבטיח שעם הזמן הוא ימצא עצמו במצב עליון של אושר עילאי.

אך אל לנו לנסות לדמיין מראש את התוצאות האפשריות שא־ ליהן התהליך עשוי להוביל ואז להפסיק לתרגל את השיטה לאחר ניסיון קצר. כדי להתקדם באמת, הדברים הבאים נחוצים: ראשית, תשומת לב אוהבת למושא הלמידה; שנית, רצון ללמוד ורוח חקירה רצינית; שלישית, נחישות עד שהמטרה הרצויה מושגת.

אם נצעד רק חצי הדרך, ואז, לאחר תרגול קצר, נדחה את זה, המטרה הרצויה לא תושג. מתחיל בתרגולים רוחניים אשר מנסה לש־ פוט בטרם עת את ניסיונם של המומחים (המאסטרים והנביאים מכל הזמנים) הוא כמו ילד שמנסה לדמיין איך ייראו קורסי אוניברסיטה.

חבל מאוד שאנשים מבזבזים את זמנם ואת מיטב מאמציהם בלאבטח את צרכיהם הארציים או במעורבות במחלוקות אינטלק־ טואליות על תאוריות, אך לעיתים רחוקות חושבים ששווה להם לה־

שקיע מאמץ במימוש ובחוויית האמיתות, שלא רק מייפות את החיים אלא גם מעניקות להם משמעות. מאמצים מוטעים לעיתים קרובות מושכים את תשומת ליבם יותר מאשר מאמצים המודרכים היטב.

אני מתרגל את השיטה הזו שנים רבות, וככל שאני עושה זאת יותר, כך אני מרגיש עוד יותר את השמחה שבמצב האושר העילאי התמידי והבלתי נדלה.

עלינו לזכור שהעצמי הרוחני היה כבול לגוף במשך עידנים רבים. הוא אינו יכול להשתחרר ביום אחד, וגם תרגול קצר ויחיד של השיטה לא ייקח אף אחד למצב הנעלה של אושר עילאי או יעניק שליטה על האיברים הפנימיים. זה עלול לדרוש תרגול סבלני וממושך מאוד.

עם זאת, ניתן להבטיח שהתרגול של התהליך הזה יביא עמו שמחה עצומה של תודעת אושר עילאי. ככל שנתרגל אותו יותר, כך נגיע לאושר עילאי מהר יותר. אני מקווה שכמחפשי אושר עילאי, כפי שכולנו, תנסו לחוות בעצמכם את האמת האוניברסלית הזו, הנמצאת בכולם ואשר כולם יכולים לחוות. מצב זה אינו המצאה של מישהו; הוא כבר פה. עלינו רק לגלות אותו.

עד שלא בחנתם את האמת הזו, אל תתייחסו לדברי באדישות. אולי אתם עייפים מלשמוע תאוריות שונות, שאף אחת מהן עד היום לא השפיעה באופן ישיר על חייכם. אך זוהי אינה תאוריה, אלא אמת שניתן לממש. אני מנסה להעניק לכם מושג על מה שבאמת ניתן לחוות.

היה לי המזל הגדול ללמוד את האמת הקדושה והמדעית הזו מקדוש גדול[*] בהודו לפני שנים רבות. אתם עשויים לשאול מדוע אני דוחק בכם – מדוע אני מושך את תשומת ליבכם לעובדות אלו. האם יש לי אינטרסים אנוכיים? על כך עלי לענות בחיוב: אני רוצה לחלוק את האמת הזו אתכם מתוך תקווה לקבל בחזרה אושר טהור מהידיעה

---

[*] סוואמי שרי יוקטשוואר, הגורו של פרמאהנסה יוגאננדה.

שעזרתי לכם למצוא את האושר שלכם בתרגול ובמימוש שלה.

הסבר פיזיולוגי לשיטה המדעית

עתה עלי להיכנס מעט לפיזיולוגיה, שתאפשר לנו להבין את השיטה, לפחות באופן כללי. אתייחס לעבודה של המרכזים הראשיים ולזרם החשמלי הזורם מהמוח דרך המרכזים הללו לאיברים החיצו־ניים (החושיים) והפנימיים, ושומר עליהם רוטטים מחיים.

ישנם שישה מרכזים עיקריים שדרכם משתחרר זרם פראני (זרם חיוני או חשמל חיים)* מהמוח לכל מערכת העצבים. אלו הם:

1. מרכז המוח הארוך (מדולה)
2. מרכז צווארי
3. מרכז הגב
4. מרכז מותני
5. מרכז סקרלי
6. מרכז עצם הזנב

המוח הוא תחנת הכוח החשמלית העליונה (המרכז הגבוה ביותר). כל המרכזים קשורים זה בזה ופועלים בהשפעת המרכז הע־ליון (תאי המוח). תאי המוח מפזרים זרם חיים, או חשמל, דרך המר־כזים הללו, אשר בתורם מפיצים חשמל לעצבים התנועתיים והתחו־שתיים השונים, הנושאים בהתאמה דחפים מוטוריים ותחושות כמו מגע, ראייה וכן הלאה.

זרימה חשמלית זו מהמוח היא החיים של האורגניזם (של האיברים הפנימיים והחיצוניים שלו), וזה המדיום החשמלי שדרכו

* האנרגיה האינטליגנטית, העדינה יותר מהאנרגיה האטומית (פראנה או כוח חיים) המפעילה ומקיימת חיים בגוף.

כל הדיווחים התחושתיים שלנו מגיעים למוח וגורמים לתגובות מח־שבתיות.

אם העצמי רוצה לסגור ביעילות את הדיווחים המטרידים של התחושות הגופניות (שהם גם הנסיבות להתעוררות סדרות מח־שבות), עליו לשלוט בזרימה החשמלית, לרכז אותה, ולמשוך אותה חזרה ממערכת העצבים כולה לשבעת המרכזים העיקריים (כולל המוח), כך, באמצעות תהליך זה, הוא יכול להעניק מנוחה מושלמת לאיברים החיצוניים והפנימיים.

בשינה, המוליכות החשמלית בין המוח לאיברי החישה מעוכבת חל־קית, כך שתחושות רגילות כמו שמע, מגע וכדומה, אינן מגיעות למוח. עם זאת, מכיוון שהעיכוב הזה אינו שלם, גירוי חזק מספיק מבחוץ יכול להפעיל את המוליכות החשמלית הזו, לדווח למוח, ולהעיר את האדם. אך תמיד, בשינה, קיימת זרימה חשמלית קבועה לאיברים הפנימיים - הלב, הריאות, וחלקים אחרים - כך שהם ממשיכים לפעום ולפעול.

תרגול השיטה המדעית מביא לחופש מהסחות דעת גופניות ומנטליות

מכיוון שהשליטה בחשמל החיים בשינה אינה מלאה, תחושות גופניות של אי נוחות, חולי, או גירוי חיצוני חזק יפריעו לה. אך דרך תהליך מדעי של שליטה, שלא יתואר כאן בפירוט, אנו יכולים לש־לוט בו זמנית על האיברים החיצוניים והפנימיים של המערכת באופן מושלם. זוהי התוצאה הסופית של התרגול. אך עשויות לחלוף שנים רבות עד להשגת שליטה מושלמת זו.

כפי שלאחר שינה (שהיא מנוחה) האיברים החיצוניים מתמר־צים, כך גם לאחר מנוחה הנובעת מתרגול השיטה המדעית הזו, האיב־רים הפנימיים מתמלאים בחיוניות רבה, וכתוצאה מכך כוח עבודתם גדל ותוחלת החיים מתארכת.

כמו שאין אנו חוששים ללכת לישון מחשש שאברי החישה יישארו אינרטיים, כך אין מקום לחשש מתרגול מוות מודע, כלומר, מתן מנוחה לאיברים הפנימיים. המוות יהיה אז בשליטתנו; וכאשר נרגיש שהבית הגופני הזה כבר אינו מתאים או הפך לשבור, נוכל לעזוב אותו מרצוננו. "האויב האחרון שיושמד הוא המוות."*

אפשר לדמות את התהליך כך: אם משרד הטלפון הראשי בעיירה מחובר דרך חוטים לחלקים השונים של העיר, אז אנשים מכל החלקים יכולים, אפילו בניגוד לרצון הרשויות של משרד הטלפון הראשי, לש־ לוח הודעות למשרד המרכזי דרך הזרם החשמלי הזורם לאורך החו־ טים. אך אם משרד הטלפון הראשי רוצה להפסיק את התקשורת עם חלקי העיר, הוא יכול לכבות את המתג החשמלי הראשי, וכך תיפסק זרימת החשמל לרובעי העיר השונים.

באופן דומה, השיטה המדעית מלמדת תהליך שמאפשר למ־ שוך בחזרה אל החלק המרכזי שלנו – עמוד השדרה והמוח – את זרם החיים המופץ לכל האיברים והחלקים האחרים בגוף שלנו. התה־ ליך כולל מגנוט עמוד השדרה והמוח, הכוללים את שבעת המרכזים העיקריים, וכתוצאה מכך, חשמל החיים המבוזר נמשך חזרה למרכזי הפריקה המקוריים ונחווה בצורת אור. במצב זה העצמי הרוחני יכול להשתחרר באופן מודע מהפרעות גופניות ומנטליות.

נוצרת הפרעה על העצמי הרוחני, לעיתים אף בניגוד לרצונו, מדיווחי הטלפון המגיעים משני מעמדות של אנשים – ג'נטלמנים (מחשבות) ואנשים ממעמד נמוך יותר (תחושות גופניות). כדי לנתק את הקשר איתם, העצמי צריך למשוך את החשמל הזורם דרך חוטי הטלפון אל הסוללה המרכזית של ביתו באמצעות כיבוי המתגים (תר־ גול השיטה הרביעית), וכך להנות מהקלה.

תשומת הלב היא המכוונת והפורקת הגדולה של האנרגיה. היא

_____
* האיגרת הראשונה אל הקורינתים טו:26.

הכוח הפעיל המאפשר את פריקת זרם החיים החשמלי מהמוח לעצ־בים המוטוריים והתחושתיים. לדוגמה, אנו מגרשים זבוב מטריד על ידי פריקת זרם חשמלי דרך כוח תשומת הלב שלנו לאורך העצבים המוטוריים, וכך מייצרים את תנועת היד הרצויה. אני מציין זאת כדי לתת מושג על הכוח שבאמצעותו ניתן לשלוט בזרם החשמלי של המ־ערכת ולמשוך אותו חזרה לשבעת המרכזים.

אלו הם שבעת מרכזי המוח השדרתי דמויי הכוכבים (האסטרלי), והמסתורין שלהם מוזכר בספר ההתגלות בברית החדשה. יוחנן הק־דוש פתח את הפתחים הנסתרים של שבעת המרכזים והתעלה להבנה האמיתית של עצמו כרוח אלוהית. "כתוב את אשר ראית...את סוד שבעת הכוכבים."*

תרגול מתמשך של השיטה המדעית מוביל לתודעת אושר עילאי, או אלוהים

לסיכום, אני רוצה לתאר את טבע המצב המתעורר כאשר הזרם הח־שמלי נשלט לחלוטין. בתחילה, תחושה מאוד מושכת מורגשת בתהליך מגנוט עמוד השדרה. עם זאת, תרגול ממושך ועקבי מביא למצב של אושר עילאי מודע, המנוגד למצב הנרגש הנוצר על ידי תודעת הגוף שלנו.

מצב האושר העילאי הזה תואר כמטרתנו האוניברסלית וההכרח הגבוה ביותר, מכיוון שבו אנו מודעים לחלוטין לאלוהים, או לאושר העילאי, וחשים את ההתרחבות של העצמי האמיתי שלנו. ככל שנ־חווה מצב זה בתדירות גבוהה יותר, כך האינדיבידואליות הצרה שלנו תתפוגג, מצב האוניברסליות יושג מהר יותר, והחיבור שלנו עם אלוהים יהיה קרוב וישיר יותר.

דת אינה אלא מיזוג האינדיבידואליות שלנו באוניברסליות. לכן, בתודעת המצב המאושר הזה, אנו עולים במדרגות הדת. אנו עוזבים

* ספר ההתגלות א:19,20

את האווירה המזיקה של החושים והמחשבות הנודדות, ומגיעים למ־חוז של אושר שמימי.

בתהליך זה אנו לומדים אמת שתמצא כנכונה אוניברסלית: כאשר, באמצעות תרגול קבוע, תודעת המצב המאושר הזה של העצמי הרוחני הופכת לאמיתית עבורנו, אנו מוצאים את עצמנו תמיד בנוכחות הק־דושה של האלוהים המאושר שבתוכנו. אנו ממלאים את חובותינו טוב יותר, עם דגש רב יותר על החובות עצמן, מאשר על האגואיזם שלנו או על תודעת ההנאה והכאב הנובעים מהן. כך אנו יכולים לפתור את מסתורין הבריאה ולהעניק לחיים משמעות אמיתית.

בתורות כל הדתות, בין אם נצרות, אסלם, או הינדואיזם, מו־דגשת אמת אחת: כל עוד האדם אינו מכיר את עצמו כרוח - מקור האושר העילאי - הוא מוגבל על ידי מושגי תמותה וכפוף לחוקי הטבע הבלתי נמנעים. הידע על הווייתו האמיתית מביא לו חופש נצחי.

אנו יכולים להכיר את אלוהים רק על ידי הכרה עצמית, מכיוון שהטבע האמיתי שלנו זהה לשלו. האדם נברא בצלם אלוהים. אם השיטות המוצעות כאן נלמדות ומתורגלות ברצינות, תדעו שאתם רוח מאושרת ותכירו את אלוהים.

השיטות הניתנות בספר זה חובקות את כל האמצעים האפש־ריים החיוניים להכרת אלוהים. הן אינן דנות באלף ואחד חוקים קו־נבנציונליים ותרגולים מינוריים שנקבעו על ידי מה שמכונה הדתות השונות, מכיוון שחלקם מתייחסים לשוני בהלך הרוח של היחיד, ולכן פחות חשובים, אם כי בהחלט לא מיותרים, ומכיוון שאחרים מתעו־ררים במהלך התרגול של שיטות אלו, ולכן אינם דורשים התייחסות מעמיקה יותר במסגרת המצומצמת של ספר זה.

השיטה המדעית פועלת ישירות עם כוח החיים

עליונות השיטה הזו על פני האחרות טמונה בעובדה שהיא פוע־

לת עם הדבר המדויק שקושר אותנו מטה אל האינדיבידואליות הצרה שלנו- *כוח החיים*. במקום להיות מופנה פנימה ולהיספג בכוח המתר־חב המודע לעצמו של העצמי הרוחני, כוח החיים בדרך כלל נע החוצה, שומר על הגוף והמוח בתנועה מתמדת וגורם להפרעות לעצמי הרוחני בצורת תחושות גופניות ומחשבות חולפות.

מכיוון שכוח החיים נע החוצה, תחושות ומחשבות מפריעות ומ־עוותות את הדמות הרגועה של העצמי או הנשמה. שיטה זו מלמדת אותנו להפנות את כוח החיים פנימה. לכן, היא *ישירה ומיידית*. היא לוקחת אותנו הישר לתודעת העצמי - אושר אלוהי. היא אינה מצרי־כה עזרה של מתווך.

שיטה זו מיועדת לשלוט ולכוון את מהלך כוח החיים, באמצעות שליטה וויסות של ביטוי ידוע המקושר ישירות לכוח החיים עצמו. לעומת זאת, השיטות האחרות נעזרות במתווכים, כמו השכל או תה־ליך החשיבה, כדי לשלוט בכוח החיים על מנת לעורר מודעות של הע־צמי בהיבטיו המאושרים והאחרים.

חשוב לציין שכל השיטות הדתיות בעולם, בין אם במישרין או בעקיפין, בגלוי או בסתר, מורות על שליטה, ויסות והפניה לאחור של כוח החיים, כך שנוכל להתעלות מעל הגוף והמוח ולהכיר את העצמי הרוחני במצבו המקורי. השיטה הרביעית שולטת ישירות בכוח החיים באמצעות כוח החיים עצמו, בעוד שהשיטות האחרות עושות זאת בעקיפין דרך מתווכים אחרים - מחשבה, תפילה, מעשים טובים, פו־לחן, או "שינה מודעת".

נוכחות החיים באדם היא קיום; היעדרם מוות. מכאן, שהשי־טה המלמדת את כוח החיים לשלוט בעצמו באופן ישיר חייבת להיות הטובה מכולן.

חכמים מעידנים ואזורים שונים הציעו שיטות המותאמות למס־גרת המנטלית ולמצב האנשים שבקרבם הם חיו והטיפו. חלקם הדגי־

שו תפילה, אחרים רגש, אחרים מעשים טובים, אחרים אהבה, אחרים דעת או מחשבה, ואחרים מדיטציה. אך המניעים שלהם היו זהים.

כולם הסכימו שיש להתעלות מעל תודעת הגוף על ידי הפניית כוח החיים פנימה, כך שהעצמי הרוחני יוכל להתגלות, כמו דמות השמש המופיעה במים שלווים ושקטים. מטרתם הייתה להשיג בדיוק את מה שהשיטה הרביעית מלמדת באופן ישיר, ללא עזרת מתווכים.

יחד עם זאת, חשוב להדגיש כי תרגול השיטה הזו אינו מונע את טיפוח האינטלקט, בניית הגוף, או חיים חברתיים פעילים ומועילים - חיים שמונעים על ידי מיטב הרגשות והמניעים, מסורים לעשייה פילנטרופית. למעשה, אימון *רב-צדדי* מומלץ לכל. הוא מסייע באופן חיובי ואינו מעכב את תרגול השיטה; הדבר היחיד שנדרש הוא לשמור על נקודת המבט שלה. כך, כל הפעולות והעיסוקים שלנו יכולים לתרום לטובתנו.

הדבר העיקרי בתהליך זה הוא להבין לעומק את המסתורין של כוח החיים, אשר מקיים את האורגניזם הגופני שלנו וגורם לו לרטוט מחיים ואנרגיה.

חלק חמישי

כלי הדעת והתוקף התיאורטי של השיטות הדתיות

האוניברסליות וההכרחיות של האידאל הדתי (קיים-תמיד, אושר-אלוהי מודע-תמיד) והשיטות המעשיות להגיע אליו נדונו בפרקים הקודמים. כעת אנו רוצים לדון בתוקף השיטות.

השיטות הן מעשיות בעיקרן, ואם מתרגלים אותן, האידאל חייב להיות מושג, בין אם נעסוק בתאוריות ובין אם לאו. התוקף שלהן מתבטא בתוצאה המעשית עצמה, שהיא ממשית ואמיתית.

שיהיה ברור, זה לא באמת הכרחי להראות את הנימוקים התאורטיים לתוקפן. עם זאת, כדי לספק אחרים, אנו מתייחסים *אפ־ריורית* לתוקף תיאוריות הידע שעליהן מבוססות השיטות, כך שניתן יהיה להראות את תוקפן גם באופן תיאורטי.

זה יזניק אותנו לשאלה האפיסטמולוגית: איך ועד כמה אנו יכולים לדעת את האידיאל, את האמת? כדי להראות כיצד אנו מכירים את האידיאל, עלינו לשקול כיצד אנו מכירים את העולם הממשי. עלינו להתמודד עם תהליך הכרת העולם. לאחר מכן נבחן האם תהליך הכרת העולם זהה לתהליך הכרת האידיאל, והאם העולם הממשי נפרד מהאידיאל, או שמא האחרון חודר לראשון - רק שתהליך ההכרה של שניהם שונה.

לפני שנמשיך הלאה, הבה נדון ב"כלים" של הדעת - הדרכים שבהן הידע על העולם מתאפשר. ישנם שלושה כלים או אמצעים של הדעת: תפיסה, הסקה ואינטואיציה.

שלושה כלים של הדעת

1. תפיסה

החושים שלנו הם, כביכול, חלונות, שדרכם מגיעים גירויים מבחוץ ומתקיפים את המוח, אשר מקבל באופן פסיבי את הרשמים הללו.

אלא אם המוח פועל, לא ניתן לעשות עליו רושם על ידי הגירויים המגיעים מבחוץ דרך חלונות החושים.

המוח לא רק מספק את החיבורים לגירויים המתקבלים דרך החושים השונים, אלא אוגר את ההשפעות שלהם בצורת רשמים. עם זאת, רשמים אלו נותרים כמסה מבולבלת ומנותקת עד שיכולת האבחנה (*בודהי*) פועלת עליהם. אז נוצר קשר רלוונטי והפרטים של העולם החיצון מוכרים כך. הם מוקרנים, כביכול, ומוכרים במובנים של זמן ומקום, בעלי אסוציאציות ברורות- כמות, איכות, מידה ומ־שמעות. בית ידוע אז כבית, ולא כמוצב. זו התוצאה של פעולת השכל (*בודהי*).

אנו עלולים לראות חפץ, להרגיש אותו ואז לשמוע את הצליל שלו כאשר מכים אותו. המוח שלנו מקבל את הרשמים הללו ומאחסן אותם. *בודהי* מפרש אותם ונראה שהוא מקרין אותם בצורת בית עם חלקיו השונים - גודל, צורה, צבע, סגנון ויחסו לאחרים בהווה, בעבר ובעתיד - בזמן ובמקום. זו הדרך בה נוצר ידע על העולם.

לאדם לא שפוי יש רשמים שנאגרים במוחו, אך הם במצב כאוטי - לא מאוחסנים ומאורגנים לקבוצות ברורות ומסודרות היטב על ידי האינטלקט.

כעת עולה השאלה: האם ניתן להכיר את המציאות (האידיאל, אושר אלוהי מודע תמיד, קיים תמידית) על ידי תפיסה מסוג זה? האם תהליך הכרת העולם הזה (על פי תפיסה) תקף בעניין הכרת האמת הגבוהה ביותר?

אנו יודעים שהשכל יכול לעבוד רק על בסיס החומרים המסו־פקים על ידי החושים. וודאי שהחושים נותנים לנו רק את הגירויים של תכונות ומגוון. לא רק שהחושים נותנים מגוון, אלא גם השכל עצמו עוסק במגוון ונותר באזור המגוון. למרות שהוא יכול לחשוב על "אחדות במגוון", הוא אינו יכול להיות אחד אתו. זה החיסרון שלו.

תפיסה שכלית אינה יכולה באמת לתת את הטבע האמיתי של המהות האוניברסלית האחת העומדת בבסיס ההתגלמויות המגוונות.

זהו פסק הדין של החשיבה עצמה. כאשר *בודהי* פונה אל עצמו כדי לשפוט עד כמה הוא מסוגל להכיר את המציאות על ידי פירוש הרשמים החושיים, הוא מוצא את עצמו מוגבל ללא תקנה בתחום עולם החושים. אין שום פרצה שדרכה הוא יכול להציץ לתוך העולם העל חושי.

יש שיאמרו שבגלל טריז בין העולמות החושיים והעל חושיים, החשיבה אינה יכולה להאמין שיש לה ידע כלשהו על העל חושי. הם אומרים שאם נחשוב על העל חושי כמתגלם בתוך ובאמצעות החושי, אז בהכרת החושי - עם החיבורים שלו (טלאולוגיה או הסתגלות) וכל הפרטים והגיוונים על פי תהליך האינטלקט - נכיר את העל-חושי מתגלם כ"אחדות במגוון".

אך אפשר לשאול, מה טיבה של "ידיעה" זו? האם זהו רק רעיון במוח, או שמא זוהי *ראיית* האמת (אחדות במגוון) פנים מול פנים, ממקור ראשון וישיר? האם צורת ידע זה נושאת את אותו שכנוע שהיות אחד עם זה נושא? ודאי שלא, מכיוון שידיעה זו היא חלקית בלבד, פגומה; זוהי רק הסתכלות דרך זכוכית צבעונית. העולם העל חושי שוכן מעבר. אלו הם הטיעונים האפריוריים נגד התפיסה ככלי להכרת המציאות, או אלוהים.

גם מתוך ניסיון רגוע אנו מגלים שאיננו יכולים להגיע למצב האושר העילאי, שהוא המציאות והאידיאל עצמו (כפי שהוצג בפרקים הקודמים), עד שנתעלה במידה ניכרת מהשלב התפיסתי חסר המנוחה. ככל שנותיר לאחור את התפיסות והמחשבות הפנימיות המפריעות, כך גדלה אפשרות השחר של אותו מצב על-שכלי של אושר, או אושר אלוהי.

נראה כי תפיסה רגילה ואושר עילאי סותרים זה את זה בחוויה המשותפת. עם זאת, אף אחת מהשיטות שלנו לא מבוססת על תפיסה

טהורה, ולכן חוסר היכולת של האחרון להכיר במציאות אינה חשובה.

2.הסקה

זוהי דרך נוספת להפיק ידע על העולם. אך הסקה בפני עצמה מבוססת על ניסיון- על תפיסה - בין אם היא דדוקטיבית או אינדו־ קטיבית. מניסיוננו אנו מוצאים אש במקום שבו יש עשן; מכאן שאם אנו רואים עשן בנסיבות מסוימות, אנו מסיקים שיש אש. זוהי הסקה דדוקטיבית. אך היא אפשרית רק כתוצאה מהניסיון הקודם שלנו (תפיסה) בקשר בין עשן לאש. בהסקה אינדוקטיבית, גם כן, קיימת אותה תלות בתפיסה.

אנו רואים שסוג מסוים של חיידק הוא הגורם לכולרה. אנו מג־ לים את הקשר הסיבתי בין סוג זה של חיידק לכולרה, ומיד מסיקים באופן אינדוקטיבי שהיכן שנמצא את החיידק הזה, כולרה תהיה נו־ כחת. בעוד שיש כאן קפיצה מהמקרים הידועים של כולרה למקרים הלא ידועים, עדיין בהסקה אנו מגיעים לעובדות חדשות, אף על פי שהמקרים עשויים להיות חדשים. עצם האפשרות של ביסוס קשר סי־ בתי בין חיידק מסוים לכולרה תלויה בהתבוננות (תפיסה) של מקרים ספציפיים.

כך שהסקה, בסופו של דבר, תלויה בתפיסה. במקרים משוערים איננו מקבלים אמת חדשה - שום דבר חדש באמת שלא נמצא במק־ רים שנצפו. במקרים נצפים חיידקים גורמים לכולרה; ובמקרים המו־ סקים, גם כן, חיידקים גורמים לכולרה - אין אמת חדשה, אף על פי שהמקרים טריים וחדשים.

לא משנה באילו צורות מחשבה, הגיון, מסקנות, או דמיון אנו משתמשים, אנו עדיין לא עומדים פנים מול פנים עם המציאות. התבונה או המחשבה עשויות לארגן ולסדר עובדות ניסיון; הן יכו־ לות להשתדל לראות את הדברים כמכלול; הן עשויות לנסות לחדור

לתוך המסתורין של העולם. אבל המאמץ שלהן נכשל בגלל החומרים שאיתם הן עובדות – עובדות ניסיון, רשמים חושיים. אלו עובדות גלויות, נוקשות, מנותקות, ומוגבלות על ידי כוח התפיסה שלנו. החו־מרים מפריעים ואינם מסייעים לתהליך החשיבה, שלעצמו יש המש־כיות חסרת מנוחה.

השיטה הדתית הראשונה, כפי שציינו, היא השיטה השכלית, אשר משתמשת בתהליך החשיבה על מנת להכיר את המציאות – מצב האושר העילאי וההכרה השלווה. אך היא נכשלת. תפיסות גופניות מטרידות אותנו; תהליך החשיבה, בשל עבודתו על רשמים חושיים מגוונים וחסרי מנוחה, מונע מאיתנו להישאר זמן רב במצב מרוכז. לכן אנו לא מצליחים להשיג את התודעה של אחדות במגוון. אחד הית־רונות של השיטה האינטלקטואלית הוא שכאשר אנו שקועים בעולם המחשבה, במידה מסוימת אנו מתעלים מעל תחושות גופניות. אך זה תמיד זמני.

בשתי השיטות האחרות – המסירות והמדיטציה – תהליך הח־שיבה הוא פחות, ובכל זאת, הוא נוכח. בשיטת המסירות (כלומר, בט־קסים או בפולחן, בתפילה – קהילתית או אישית) חלק ניכר מתהליך החשיבה עוסק בסידור תנאים נוחים. ובכל זאת, יש ניסיון להתרכז במושא כלשהו של פולחן או תפילה.

כל עוד המגוון בתהליכי החשיבה מוגבל או נאסר, שיטת המ־סירות מצליחה. הפגם הוא זה: עקב הרגל רע, הנוצר במהלך עידנים, הריכוז שלנו אינו עמוק ומשאיר אפשרות להפעלת מגוון תהליכי הח־שיבה כתוצאה מהפרעה קלה ביותר.

בשיטת המדיטציה (התנתקות מפורמליות חיצונית, מוסכמות וטקסים, כך שחוסמים את האפשרות שתהליכי החשיבה יופעלו באותה קלות כמו בשיטת המסירות) הריכוז מקובע במושא מחשבה אחד. אז יש נטייה הדרגתית לעזוב את תחום המחשבה מאחור ולפ־

סוע אל תחום האינטואיציה, שאותו נשקול בהמשך.

3. אינטואיציה

עד כה שקלנו את הכלים והתהליכים להכרת העולם החושי הזה. האינטואיציה, שעליה אנו דנים כעת, היא התהליך שדרכו אנו מכירים את העולם העל-חושי – העולם שמעבר לחושים ולמחשבות. זה נכון שהעל-חושי מתבטא בחושי ובאמצעותו, ושהכרת האחרון בשלמותו היא הכרת הראשון; אך תהליך הכרת השניים חייב להיות שונה.

האם אנו מסוגלים להכיר אפילו את העולם החושי במלואו רק על ידי תפיסה ומחשבה? בוודאי שלא. יש מספר אינסופי של עובדות, דברים, חוקים וקשרים בטבע ואפילו בתוך האורגניזם שלנו, שהם עדיין ספר חתום לאנושות. לכן, על אחת כמה וכמה, לא נוכל להכיר את התחום העל-חושי על ידי תפיסה ומחשבה.

האינטואיציה באה מבפנים: מחשבה, מבחוץ. האינטואיציה נו־ *תנת מבט פנים מול פנים על המציאות; המחשבה נותנת מבט עקיף* *עליה. אינטואיציה, על ידי אהדה מוזרה, רואה את המציאות בשלמו־* *תה, בעוד שהמחשבה חותכת אותה לחלקים.*

לכל אדם יש את כוח האינטואיציה, כפי שיש לו את כוח המ־ חשבה. כפי שניתן לטפח מחשבה, כך ניתן גם לפתח אינטואיציה. באינטואיציה אנו מסונכרנים עם המציאות – עם עולם האושר העי־ לאי, עם "האחדות במגוון", עם החוקים הפנימיים השולטים בעולם הרוח, עם אלוהים.

כיצד אנו יודעים שאנו קיימים? דרך תפיסה חושית? האם החו־ שים מספרים לנו תחילה שאנו קיימים– מהיכן מגיעה תודעת הקיום? זה לעולם לא יכול להיות, שכן תודעת הקיום מונחת מראש בניסיון החושים להודיע לנו על קיומנו. חוש אינו יכול להיות מודע לשום דבר מבלי שנדע לראשונה שאנו קיימים בעצם פעולת החישה.

האם ההסקה, תהליך החשיבה, אומרת לנו שאנו קיימים? בוודאי
שלא. מכיוון שחומרי המחשבה חייבים להיות רשמים חושיים, אשר
כפי שמצאנו זה עתה, אינם יכולים לספר לנו על קיומנו, שכן הת־
חושה הזו כבר מונחת בהם. גם תהליך החשיבה אינו יכול לתת לנו
את תודעת הקיום, מפני שהאחרון כבר מרומז בראשון. כאשר, על ידי
השוואת עצמנו עם העולם החיצוני, אנו שואפים לחשוב או להסיק
שאנו קיימים בתוכו, תודעת הקיום כבר נוכחת בעצם פעולת החשיבה
וההסקה.

אם כך, אם החושים והמחשבה נכשלים, כיצד אנו יודעים שאנו
קיימים? רק על פי האינטואיציה אנו יכולים לדעת זאת. ידיעה כזאת
היא *צורה אחת* של אינטואיציה. היא מעבר לחושים ולמחשבה – הם
מתאפשרים בזכותה.

קשה מאוד להגדיר אינטואיציה, כי היא קרובה מדי לכל אחד
מאיתנו; כל אחד מאיתנו חש אותה. האם אנו יודעים מהי תודעת
הקיום? כל אחד מכיר אותה. היא מוכרת מדי מכדי להיות מוגדרת.
שאלו מישהו איך הוא יודע שהוא קיים; הוא יישאר אילם. הוא יודע
זאת, אבל הוא לא יכול להגדיר את זה. הוא אולי ינסה להסביר, אבל
ההסבר שלו לא יגלה מה שהוא מרגיש מבפנים. לאינטואיציה, מכל
צורה, יש את האופי המיוחד הזה.

השיטה הדתית הרביעית, שהוסברה בפרק האחרון, מתבססת על
אינטואיציה. ככל שאנו מתרגלים אותה ברצינות, כך ראיית המציאות
שלנו – אלוהים, תהיה רחבה וברורה יותר.

דרך האינטואיציה, האנושות מגיעה לאלוהי, כאשר החושי מת־
קשר לעל־חושי וכאשר האחרון *מורגש* כמביע עצמו בתוך החושי
ובאמצעותו. השפעת החושים נעלמת; מחשבות פולשות נעלמות;
אושר עילאי-אלוהי מתממש; תודעת ה"כל באחד והאחד בכל" מת־
עוררת בנו. האינטואיציה הזו היא מה שברשותם של כל המלומדים

והנביאים הגדולים של העולם.

השיטה השלישית, או שיטת המדיטציה, כפי שהוסבר בפרק 4, גם נושאת אותנו לאזור האינטואיציה – כאשר היא מתורגלת ברצי־נות. אך היא קצת עקיפה, ובדרך כלל לוקח לה יותר זמן לייצר בנו את המצבים הרצופים של תהליך האינטואיציה או ההכרה.

על ידי האינטואיציה ניתן להכיר את אלוהים בכל היבטיו

לפיכך, על ידי האינטואיציה ניתן להכיר את אלוהים בכל היבטיו. אין לנו שום חוש שיכול להעניק לנו ידע עליו; החושים נותנים ידע רק על ההתגלמויות שלו. אף מחשבה או הסקה לא יכולה לאפשר לנו להכיר אותו כפי שהוא באמת, מכיוון שהמחשבה אינה יכולה לח־רוג מהנתונים של החושים; היא יכולה רק לסדר ולפרש את הרשמים החושיים.

כאשר החושים אינם מסוגלים, אז גם המחשבה (התלויה בהם) אינה יכולה להביא אותנו לאלוהים. לכן עלינו לפנות לאינטואיציה, לידע על אלוהים בהיבטו המאושר ובשאר היבטיו.

עם זאת, ישנם חסמים רבים לנקודת מבט אינטואיטיבית זו – להכרת האמת. אלו חלק מהם: חולי, חוסר יכולת מנטלית, ספק, עצ־לות, חשיבה חומרית, רעיונות שווא, וחוסר יציבות.

חסמים אלו הם מולדים או נרכשים ומחמירים דרך היקשרות לאחרים. ניתן להתגבר על הנטיות המולדות שלנו (סמסקרות) לפג־מים מסוימים על ידי מאמץ איתן (פורושקארה). על ידי הפעלת כוח הרצון אנו יכולים להסיר את כל החסרונות שלנו. באמצעות מאמץ נכון והתחברות עם אנשים טובים, חסידי אלוהים, אנו יכולים לסלק הרגלים רעים וליצור הרגלים טובים. עד שלא נתרועע עם אלה שראו, חשו והכירו דת אמיתית בחייהם, ייתכן שלא נדע לגמרי מהי ובמה טמונים האוניברסליות וההכרח שלה.

רוח החקירה נמצאת בכולם. כל אחד בעולם מחפש אחר האמת. זוהי המורשת האלמותית שלנו; ואנו מחפשים אותה, בעיוורון או בחוכמה, עד שנשיג אותה בחזרה במלואה. לעולם לא מאוחר מדי לתקן. "שאלו ויינתן לכם. דרשו ותמצאו. דפקו ויפתח לכם."*

* הבשורה על פי מתי ז,7

אודות המחבר

"אידיאל אהבת האל ושרות האנושות בא לידי ביטוי עמוק בחייו של פרמאהנסה יוגאננדה ... למרות שמרבית חייו עברו עליו מחוץ לגבולות הודו, שמור לו מקום של כבוד בקרב קדושיה הגדולים. פועלו ממשיך להתפתח ולהאיר ביתר שאת, ולקרב אנשים מכל העולם לנתיב המסע הרוחני".

‑ מתוך עלון זיכרון שפרסמה ממשלת הודו בעת הנפקת בול זיכרון לכבודו של פרמאהנסה יוגאננדה ביום השנה העשרים וחמישי למהסמאדהי שלו.

פרמאהנסה יוגאננדה נולד בשם מוקונדה לאל גוש ב‑5 בינואר 1893, בעיר גוראקפור שבצפון הודו, למרגלות הרי ההימלאיה. כבר משנותיו המוקדמות, היה ברור שחייו מסומנים לגורל אלוהי. על פי הקרובים אליו ביותר, עומק מודעותו וחוויותיו הרוחניות היו הרבה מעבר לנורמה, אפילו בילדותו. בצעירותו, חיפש רבים מחכמי וקדושי הודו בתקווה למצוא מורה מואר שידריכו במסע נשמתו.

בשנת 1910, בגיל שבע‑עשרה, פגש את הסוואמי הנערץ שרי יוקטשוואר והפך לתלמידו. בהרמיטאז' של מאסטר היוגה הגדול הזה הוא בילה את רוב עשר השנים הבאות, בעודו מקבל את המשמעת הקפדנית אך האוהבת של שרי יוקטשוואר. לאחר שסיים את לימודיו באוניברסיטת כלכותה ב‑1915, הוא נדר נדרים רשמיים כנזיר ממסדר הסוואמי הנזירי המכובד של הודו וקיבל את השם יוגאננדה (שמשמעותו אושר עילאי, *אננדה*, דרך איחוד אלוהי, *יוגה*).

בשנת 1917, שרי יוגאננדה החל את מפעל חייו עם הקמת בית הספר "כיצד לחיות" לבנים, ששילב שיטות חינוך מודרניות עם

אימון יוגה והדרכה באידיאלים רוחניים. שלוש שנים לאחר מכן, הוזמן לשמש כנציגה של הודו בקונגרס בינלאומי של דתיים ליברלים בבוסטון. נאומו בקונגרס על "מדע הדת" התקבל בהתלהבות רבה.

במהלך השנים הבאות, הרצה ולימד בחוף המזרחי, ובשנת 1924 יצא לסיור נאומים חוצה יבשות. בלוס-אנג'לס, החל סדרת הרצאות ושיעורים דו-חודשיים בינואר 1925. כמו במקומות אחרים, נאומיו התקבלו בעניין רב ובשבחים. ה"לוס-אנג'לס טיימס" דיווח: "האולם הפילהרמוני מציג את המופע המופלא של אלפים...שנדחו שעה לפני הפתיחה המפורסמת של הרצאה באולם עם 3000 מושבים בקיבולת מירבית."

מאוחר יותר באותה שנה, שרי יוגאננדה הקים בלוס אנג'לס את המטה הבינלאומי של Self-Realization Fellowship - הארגון שהקים בשנת 1920 להפצת תורתו על המדע והפילוסופיה העתיקים של היוגה ושיטות המדיטציה* שלה העומדות במבחן הזמן. במהלך העשור הבא, נסע רבות ונאם בערים מרכזיות ברחבי המדינה. בין אלה שהפכו לתלמידיו נמנו דמויות בולטות רבות בתחומי המדע, העסקים והאומנויות, כולל האגרונום לות'ר בורבנק; מטרופוליטן אופרה סופרן אמליטה גאלי-קורצ'י; מרגרט וילסון, בתו של הנשיא וודרו וילסון; המשורר אדווין מרקהם; והמנצח לאופולד סטוקובסקי.

לאחר סיבוב הופעות בן שמונה-עשר חודשים באירופה ובהודו בין השנים 1936–1935, הוא החל לסגת במידת מה מהרצאותיו הפומביות כדי להתמסר לבניית בסיס מתמשך לעבודתו העולמית ולכתבים שיעבירו את המסר שלו לדורות. סיפור חייו, *אוטוביוגרפיה*

* הדרך הספציפית הזו של מדיטציה ואיחוד-אלוהים שפרמאהנסה יוגאננדה לימד, ידועה *כקריה יוגה*, מדע רוחני קדוש שמקורו לפני אלפי שנים בהודו. *האוטוביוגרפיה של יוגי* של שרי יוגאננדה מספקת מבוא כללי לפילוסופיה ולשיטות של קריה יוגה; הדרכה עמוקה בטכניקות זמינה לתלמידים מוסמכים של שיעורי Self-Realization Fellowship.

של יוגי, פורסם ב-1946. בפרסום רציף מאז, הוא תורגם לשפות רבות וזכה למעמד של קלאסיקה רוחנית מודרנית.

כיום, העבודה הרוחנית וההומניטרית שהחל פרמאהנסה יוגאננדה ממשיכה בניהולו של האח צ'ידאננדה, נשיא Self-Realization Fellowship/Yogoda Satsanga של הודו.* בנוסף לפרסום כתביו, הרצאותיו ושיחותיו הבלתי פורמליים - כולל סדרה מקיפה של שיעורי Self-Realization Fellowship ללימוד בייתי - הארגון גם מדריך את חברי Self-Realization בתרגולם את תורתו של שרי יוגאננדה; מפקח על בתי תפילה, ריטריטים ומרכזים ברחבי העולם, כמו גם על קהילות הנזירים של Self-Realizaion Fellowship; ומנחה את מעגל התפילה העולמי, המשמש כאמצעי המסייע להביא ריפוי לאלו הזקוקים לעזרה פיזית, נפשית או רוחנית ולהבאת הרמוניה גדולה יותר בין האומות.

מאז פטירתו בשנת 1952, פרמאהנסה יוגאננדה הוכר כאחת הדמויות הרוחניות הגדולות בתולדת האנושות. דרך לימודיו האוניברסליים וחייו המופתיים, הוא עזר לאנשים מכל הגזעים, התרבויות, והאמונות להבין ולבטא באופן מלא יותר בחייהם את היופי והאצילות של הרוח האנושית. במאמר על חייו ומפעלו של שרי יוגאננדה, ד"ר קווינסי האו ג'וניור, פרופסור לשעבר לדת השוואתית בקולג' סקריפס, כתב: "פרמאהנסה יוגאננדה הביא למערב לא רק את ההבטחה הנצחית של הודו להכרת אלוהים, אלא גם שיטה מעשית שבאמצעותה מחפשי דרך רוחניים מכל תחומי החיים יכולים להתקדם במהירות לעבר המטרה הזו. המורשת הרוחנית של הודו, שהוערכה במערב ברמה הנעלה והמופשטת בלבד, כיום, נגישה כתרגול וחוויה לכל מי ששואף לדעת את אלוהים, לא במעבר, אלא כאן ועכשיו ... יוגאננדה הניח בהישג יד את שיטות ההתבוננות הנעלות ביותר."

* בהודו, עבודתו של פרמאהנסה יוגאננדה ידועה בשם הנ"ל.

פרמאהנסה יוגאננדה:
יוגי בחייו ובמותו

פרמאהנסה יוגאננדה נכנס למהסמאדהי (עזיבתו המודעת של יוגי את גופו לצמיתות) בלוס אנג'לס, קליפורניה, ב-7 למרץ 1952, בתום נאום שנשא בנשף שנערך לכבוד הוד מעלתו בינאי ר. סן, שגריר הודו.

המורה המוערך בעולם כולו הדגים את ערכה של היוגה (טכניקה מדעית להכרת האל) לא רק בחייו אלא גם במותו. שבועות לאחר פטירתו, פניו המשיכו לקרון בחיות וברעננות בלתי משתנות.

מר הארי ט. רואו, מנהל בית העלמין פורסט לואן בלוס אנג'לס (שם הופקדה גופתו של המאסטר הגדול באופן זמני) שלח ל-SRF מכתב באישור נוטריוני, שממנו נלקח הציטוט הבא:

"היעדר סימני רקבון נראים לעין בגופתו של פרמאהנסה יוגאננדה הינו יוצא דופן בתכלית למיטב ניסיוננו...גם עשרים יום לאחר המוות לא ניכרו בגופה סימני התפוררות ... לא ניתן להבחין בסימני עובש על העור, ולא בצפידה (התייבשות) של רקמות הגוף. ככל הידוע לנו, השתמרות מושלמת כזו של גוף הינה חסרת תקדים בדברי ימי הקברנות ... בעת קבלת גופתו של יוגאננדה ציפו עובדי בית העלמין להבחין, מבעד לזכוכית מכסה הארון, בסימנים אופייניים לריקבון מתקדם. תדהמתנו גברה ביום המחרת, כשלא ניכר בגופה כל סימן לשינוי. גופתו של יוגאננדה מתאפיינת, כפי הנראה, בעמידות פנומנלית בפני השחתה...

"הגופה לא הפיצה כל ריח ... והופעתו החיצונית של יוגאננדה ב-27 במרץ, עת הונח במקומו מכסה הברונזה של הארון, נותרה כפי שהייתה ב-7 במרץ. הוא נראה ב-27 במרץ רענן ונטול סימני ריקבון

כשם שנראה בערב מותו. ב-27 במרץ לא היה מקום לומר שגופתו התפוררה או נשחתה בכל מובן שהוא. מסיבות אלו אנו מצהירים שוב שמקרהו של פרמאהנסה יוגאננדה הינו ייחודי למיטב ניסיוננו."

מקורות נוספים
לטכניקת הקריה יוגה של
פרמאהנסה יוגאננדה

SRF שמה לה למטרה לסייע, ללא תמורה, למחפשי דרך מכל העולם. למידע נוסף על הרצאות, שיעורים שנתיים, מדיטציות וטקסים הנערכים במקדשים ובמרכזים השונים ברחבי העולם, וכן ללוח זמנים של סדנאות ופעילויות נוספות, אנא בקרו באתר המטה הבינלאומי שלנו:

www.yogananda.org

Self-Realization Fellowship
3880 San Rafael Avenue
Los Angeles, CA 90065–3219
+1 (323) 225–2471

שיעורי
Self–Realization Fellowship

הדרכה והוראה אישית מאת פרמאהנסה
יוגאננדה על טכניקות מדיטציית יוגה
ועקרונות לחיים רוחניים

אם אתה מרגיש נמשך לאמיתות הרוחניות המתוארות *במדע הדת*, אנו מזמינים אותך להירשם לשיעורים של *Self-Realization Fellowship*.

פרמאהנסה יוגאננדה ייסד את הלימוד הסדרתי הביתי הזה כדי להעניק למחפשים כנים את ההזדמנות ללמוד ולתרגל את טכניקות מדיטציות היוגה העתיקות שהביא למערב – כולל את מדע *הקריה יוגה*. *השיעורים* מציגים גם את הדרכתו המעשית להשגת בריאות פיזית, מנטלית ורוחנית מאוזנת.

שיעורי *Self-Realization Fellowship* זמינים במחיר סמלי (לכיסוי הוצאות הדפסה ומשלוח). התלמידים מקבלים הדרכה אישית ללא תשלום לתרגול שלהם מנזירים ונזירות של Self-Realization Fellowship.

למידע נוסף...

כדי לבקש את חבילת המידע המורחבת על השיעורים הניתנת בחינם, אנא בקרו באתר www.srflessons.org

מטרות ואידאלים
של
Self-Realization Fellowship

כפי שנקבעו על ידי פרמאהנסה יוגאננדה, מייסד
אח צ'ידאננדה, נשיא

ליידע את האומות בטכניקות המדעיות המדויקות להשגת חוויה אישית ישירה של האל.

ללמד שמטרת החיים הינה לקדם, דרך מאמץ אישי, את מודעותו המוגבלת של בן התמותה למודעות אלוהית, להקים לשם כך מקדשי SRF לאיחוד עם האל ברחבי העולם, ולעודד הקמת מקדשים פרטיים בבתי בני האדם ובליבם.

לחשוף את האחדות וההרמוניה המוחלטת השוררות בין הנצרות המקורית כפי שהורה אותה ישו לבין היוגה המקורית שהורה בהגוואן קרישנה, ולהראות שאמיתות אלו עומדות בבסיס המדעי של כל האמונות.

להורות את דרך המלך השמיימית אליה מוליכים בסופו של דבר נתיבי כל אמונות האמת: דרך המלך של מדיטציה יומיומית, מדעית ודבקה באל.

לשחרר את האדם מסבלו המשולש: מחלות הגוף, תלאובות הנפש, ובורות רוחנית.

לעודד "חיים פשוטים וחשיבה נעלה" ולהפיץ אחווה בין בני האדם דרך לימוד הבסיס הנצחי של אחדותם: אחווה עם האל.

להוכיח את עליונות המוח על הגוף, והנשמה על המות.

לגבור על הרע באמצעות טוב, על הצער באמצעות שמחה, על אכזריות באמצעות נדיבות, על בורות באמצעות חוכמה.

לאחד בין המדע לדת דרך הכרת האחדות המשותפת לעקרונותיהם.
לעודד שיתוף פעולה תרבותי ורוחני בין מזרח למערב וחילופי
מאפיינים חיוביים.

לשרת את האנושות כביטוי מורחב של האני.

פורסם גם על ידי *Self-Realization Fellowship* ...

אוטוביוגרפיה של יוגי
מאת פרמאהנסה יוגאננדה

אוטוביוגרפיה עטורת שבחים זו מציגה דיוקן מרתק של אחת מהדמויות הרוחניות הגדולות ביותר של זמננו. בגילוי לב, בהירות ושנינות מרתקים, פרמאהנסה יוגאננדה מספר את הכרוניקה מעוררת ההשראה של חייו - חוויות ילדותו המדהימה, מפגשים עם קדושים וחכמים רבים במהלך נעוריו לאורך חיפושו ברחבי הודו אחר מורה מואר, עשר שנות הכשרה בהרמיטאז' של מאסטר יוגי נערץ, ושלושים השנים שבהן חי ולימד באמריקה. כמו כן, מתועדים כאן מפגשיו עם מהטמה גנדהי, רבינדרנאת טאגור, לות'ר בורבנק, הסטיגמטית הקתולית תרזה ניומן ודמויות רוחניות מוכרות נוספות ממזרח וממערב.

אוטוביוגרפיה של יוגי הוא בו-זמנית תיאור יפהפה של חיים יוצאי דופן ומבוא מעמיק למדע העתיק של היוגה ומסורת המדיטציה הוותיקה שלה. המחבר מסביר בבירור את החוקים העדינים אך המוחלטים שמאחורי האירועים הרגילים של חיי היומיום, כמו גם את האירועים יוצאי הדופן המכונים לרוב ניסים. סיפור חייו הסוחף הופך כך לרקע להצצה בלתי נשכחת וחודרת למסתורין האולטימטיבי של הקיום האנושי.

הספר נחשב לקלאסיקה רוחנית מודרנית ותורגם ליותר מחמישים שפות. הוא משמש רבות כטקסט ועבודת עיון במכללות ובאוניברסיטאות באמריקה. רב-מכר רב-שנתי מאז פורסם לראשונה לפני יותר משבעים שנה, *אוטוביוגרפיה של יוגי* מצא את דרכו לליבם של מיליוני קוראים ברחבי העולם.

"יצירה נדירה." - הניו יורק טיימס

"‫מחקר מרתק ומוער בבירור.‬" – ‫ניוזוויק‬

"‫לא היה דבר לפני כן, שנכתב באנגלית או בכל שפה אירופאית‬
‫אחרת, כמו המצגת הזו של היוגה.‬" – ‫דפוס אוניברסיטת קולומביה‬

ספרים בעברית
מאת
פרמאהנסה יוגאננדה

ניתנים לרכישה ב www.srfbooks.org
ובחנויות ספרים מקוונות נוספות

אוטוביוגרפיה של יוגי

חוק ההצלחה

מדיטציות מטאפיזיות

מדע הדת

אמרות מאת פרמאהנסה יוגאננדה

Autobiography of a Yogi

God Talks With Arjuna: The Bhagavad Gita
– *A New Translation and Commentary*

The Second Coming of Christ:
The Resurrection of the Christ Within You
– A Revelatory Commentary on the Original Teachings
of Jesus

The Yoga of the Bhagavad Gita

The Yoga of Jesus

The Collected Talks and Essays
Volume I: Man's Eternal Quest

Volume II: The Divine Romance

Volume III: Journey to Self-realization

Wine of the Mystic: The Rubaiyat of Omar Khayyam
– *A Spiritual Interpretation*

Songs of the Soul

Whispers from Eternity

Scientific Healing Affirmations

In the Sanctuary of the Soul
A Guide to Effective Prayer

The Science of Religion

Metaphysical Meditations

Where There Is Light
—Insight and Inspiration for Meeting Life's Challenge

Sayings of Paramahansa Yogananda

Inner Peace:
How to Be Calmly Active and Actively Calm

Living Fearlessly
—Bringing Out Your Inner Soul Strength

The Law of Success

How You Can Talk With God

Why God Permits Evil and How to Rise Above It

To Be Victorious in Life

Cosmic Chants

הקלטות של
פרמאהנסה יוגאננדה

Beholding the One in All

The Great Light of God

Songs of My Heart

To Make Heaven on Earth

Removing All Sorrow and Suffering

Follow the Path of Christ, Krishna, and the Masters

Awake in the Cosmic Dream

Be a Smile Millionaire

One Life Versus Reincarnation

In the Glory of the Spirit

Self-Realization: The Inner and the Outer Path

פרסומים אחרים מאת
Self–Realization Fellowship

The Holy Science
–Swami Sri Yukteswar

Only Love:
Living the Spiritual Life in a Changing World
–Sri Daya Mata

Finding the Joy Within You:
Personal Counsel for God-Centered Living
–Sri Daya Mata

Intuition:
Soul Guidance for Life's Decision
–Sri Daya Mata

God Alone:
The Life and Letters of a Saint
–Sri Gyanamata

"Mejda":
The Family and the Early Life of Paramahansa Yogananda
–Sananda Lal Ghosh

Self–Realization
(A magazine founded by Paramahansa Yogananda in 1925)

וידיאו DVD

Awake: The Life of Yogananda
A film by CounterPoint Films

קטלוג שלם של ספרים וקלטות אודיו/וידיאו - כולל קלטות ארכיון
של פרמאהנסה יוגאננדה- זמין
ב www.srfbooks.org

SELF-REALIZATION FELLOWSHIP
3880 San Rafael Avenue • Los Angeles, CA 90065-3219
Tel +1 (323) 225-2471 • Fax +1 (323) 225-5088
www.yogananda.org